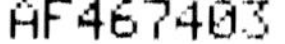

DES

SYNDICATS AGRICOLES

HISTORIQUE
COMMENTAIRE DE LA LOI DE 1884

PAR

É. D'ARTOIS

PARIS
LIBRAIRIE LÉOPOLD CERF
13, RUE DE MÉDICIS, 13

1895

Versailles. — Imp. CERF ET Cie.

DES

SYNDICATS AGRICOLES

DES

SYNDICATS AGRICOLES

HISTORIQUE

COMMENTAIRE DE LA LOI DE 1884

PAR

É. D'ARTOIS

PARIS
LIBRAIRIE LÉOPOLD CERF
13, RUE DE MÉDICIS, 13

1895

PRÉFACE

Depuis un siècle, tous les progrès qui ont été accomplis, les découvertes de la science, le développement de la fortune mobilière, les machines diminuant le prix de la main-d'œuvre et augmentant en même temps la production, les communications rapides par la création des chemins de fer, le télégraphe, en un mot toutes ces merveilleuses inventions, qui placeront dans l'histoire le XIXe siècle au-dessus des plus grands, ont, en même temps, apporté une grande perturbation dans notre système économique, et bien des réformes sont urgentes pour mettre en harmonie les merveilles de l'industrie et les conditions de la vie. Toutes ces réformes, ardemment souhaitées par les bons esprits, se font attendre, et pourtant, surtout depuis quelques années, la France ressent un malaise général qui se traduit malheureusement, et cela sans profit aucun, par les grèves nombreuses que nous déplorons. Les réformes sont promises, chacun s'y emploie de son mieux, mais le malheur est que les jalousies, les tiraillements, les tracasseries, l'esprit de parti dont sont imbus la plupart de nos hommes politiques, de nos gouvernants, font retarder l'accomplissement de ces changements si désirés dans notre législation, dans les rapports du travail et du capital, aussi bien que dans les charges grevant le capital mobilier et immobilier. Mon intention n'est point, dans ce travail, de traiter de cette question si complexe, je ne veux m'occuper que d'une classe de citoyens, que d'une branche d'industrie dans laquelle les hasards de la vie m'ont jeté.

Parmi les lois qui ont été promulguées dans cet ordre d'idée d'améliorer le sort des classes laborieuses, je placerai volontiers la loi de 1884 qui, rompant complètement avec les vieux errements, permet les coalitions, les associations entre gens d'un même métier, d'une même industrie, d'une même profession.

La loi de 1884 est bienfaisante entre toutes et peut amener, dans l'industrie et dans l'agriculture qu'elle ne semblait tout d'abord point devoir viser, des progrès et une grande prospérité.

L'objet de ce travail sera d'en démontrer l'utilité, au point de vue agricole, les conséquences qu'on peut en tirer, les créations économiques qu'elle peut provoquer et soutenir.

DES
SYNDICATS AGRICOLES

CHAPITRE I

ORIGINE DE LA LOI DE 1884

On peut hardiment prétendre que jusqu'à la loi du 21 mars 1884, l'agriculture était restée dans l'ombre et que l'agriculteur, l'ouvrier agricole, a été le dernier dont se soient occupés les hommes de ce siècle imbus de cette noble idée que, sur la terre, tout individu a sa place marquée au soleil, que protection est due au faible, au pauvre, au travailleur. Toutes les lois faites pour l'émancipation de la classe ouvrière, pour l'amélioration de son sort, ont été promulguées en faveur du travailleur industriel de l'ouvrier des villes et ont toujours négligé de faire participer l'ouvrier des campagnes à ce mouvement humanitaire. Il n'était l'objet d'aucune attention, il était oublié, on ne s'en occupait pas. Bien plus, de la nécessité de la vie matérielle à bon marché est né un antagonisme fâcheux entre l'habitant des villes et ceux de la campagne, alors que cependant ils auraient dû marcher la main dans la main et s'entr'aider mutuellement.

Le paysan est du peuple aussi bien que l'ouvrier des villes ; si l'un aspire légitimement au bien-être, si, de conquêtes en conquêtes, son état social s'est amélioré, s'il est arrivé par ses revendications et par la légitimité de ses aspirations à se faire place dans les destinées de la nation, si maintenant les classes dirigeantes sont obligées de compter avec ce quatrième état, l'autre a les mêmes besoins et le même droit.

« Depuis 1789, une véritable révolution industrielle s'est opérée dans tous les pays, les instruments de production se sont transformés. Les bras de l'homme ont été remplacés par la machine, le travail manuel est aujourd'hui complètement assujetti par la force Capital... Les « prétendus intérêts communs » des ouvriers sont à présent d'une réalité indiscutable. Les ouvriers sont forcés de s'associer s'ils veulent vivre », etc., etc. Voilà le langage que tenait l'Union des Chambres syndicales ouvrières de France à MM. les membres de la Commission du Sénat chargés d'examiner le projet de loi sur les syndicats.

Ce langage n'est-il pas le même qu'aurait pu tenir une délégation d'agriculteurs? Certainement et sans en changer un mot. Les ouvriers, qu'ils soient de la ville, qu'ils soient de la campagne, sont solidaires, et l'entrée de la campagne dans la lutte, fournit un gros appoint à l'armée de ceux qui, amis du progrès, aspirent à concilier la nécessité du capital avec la liberté, le bien-être de l'ouvrier et à le faire participer aux gains qu'il procure au capital par son travail.

Mais personne n'avait pensé à l'agriculture en proposant la loi de 1884, et M. Émile Reynouard, dans son intéressant ouvrage, *Les Syndicats professionnels,* peut dire :

« Il est même certain que, à un point de vue, le terrain s'y est trouvé élargi et dans une mesure que l'on ne soupçonnait guère, nous voulons parler des syndicats agricoles.

» Le projet de loi *ne visait que les syndicats industriels,* ce ne fut guère qu'assez tard, lors de la discussion au Sénat, que l'on ajouta, à la fin de l'art. 3, ces mots : et agricoles. »

Et comme pour bien préciser qu'il n'était venu à l'idée de personne que l'ouvrier, le cultivateur agricole pouvait profiter de cette loi si importante et qui donne une si grande force à la cause ouvrière, M. Reynouard cite certaines associations qu'autorisait la loi de 1865 : « Évitons une confusion ; sans doute la loi de 1865 permettait aux *propriétaires* intéressés de former des associations syndicales pour défendre contre la mer ou les débordements des rivières les territoires menacés d'une inondation, améliorer, curer, régulariser les cours d'eau, conquérir ou assainir des terrains rendus improductifs et souvent insalubres par la stagnation des eaux, faire profiter des surfaces considérables des bienfaits de l'irrigation et du colmatage, mais l'art. 1 de la loi de 1865 déterminait limitativement l'objet des syndicats, etc. »

M. Ledru, dans son *Commentaire de la loi de 1884*, rapporte le même fait.

Quand après la deuxième discussion qui eut lieu à la Chambre des Députés, le projet revint au Sénat sans que sa rédaction eût subi d'autres modifications, M. Oudet proposa d'ajouter, à la fin de l'art. 3, les mots : et agricoles. Il fallait marquer qu'on entendait laisser la faculté de former des syndicats aux agriculteurs qui pouvaient s'unir et se grouper pour veiller à la défense de leurs intérêts ou pour se procurer par l'association, comme cela se fait en Angleterre et en Italie, les ressources et le crédit dont ils ont besoin. L'amendement fut accepté par la commission et voté par le Sénat. Le rapporteur, M. Tolain, fit, à ce propos, une déclaration importante parce qu'elle prévient toute équivoque sur la portée de la loi : « On a cru tout d'abord parce que la commission s'était servie des mots « syndicats professionnels » qu'elle voulait restreindre, limiter et circonscrire l'application aux seuls ouvriers qui travaillent manuellement, aux ouvriers industriels. Jamais la commission n'a eu une pareille pensée. Elle espère, au contraire, que la loi qui vous est soumise est une loi très large dont se serviront un grand nombre de personnes auxquelles tout d'abord on n'avait pas pensé ; en un mot, toute personne qui exerce une profession, ainsi qu'il est dit dans la loi, aura le droit de se servir de la nouvelle législation que vous allez voter. »

Il est bon que ces déclarations soient connues de tous et que chacun, dans la sphère de son activité professionnelle, profite des bienfaits de la loi. Quel avantage en retirerait notre agriculture par l'organisation d'associations réalisant ce qui peut seul lui rendre sa vitalité : l'acquisition à frais communs de machines et d'instruments perfectionnés, l'exécution des travaux de défrichement, de drainage ou d'irrigation nécessaires pour diminuer le prix de revient et relever la production ; enfin diffusion de l'enseignement agricole, c'est-à-dire de toutes les notions capables de rendre l'agriculteur plus intelligent, plus ouvert au progrès, et de retenir dans les campagnes, en les attachant à la terre, cette quantité d'ouvriers qui vont chercher dans les villes un salaire plus élevé et une vie plus facile.

Ainsi donc, sans M. Oudet, cette loi libérale ne

s'étendait pas sur la classe agricole ! Et pourtant l'événement a prouvé avec quelle faveur elle fut accueillie dans les campagnes. Depuis sa promulgation, les syndicats agricoles se sont multipliés, leur développement s'accentue de plus en plus et les bienfaits ne se feront pas attendre.

Si, à l'heure présente, la culture a en mains un régime libéral qui lui permette de s'affirmer, de grandir, de lutter contre la concurrence étrangère, tout l'honneur en revient à la Chambre et au Sénat de 1881 à 1884.

CHAPITRE II

HISTORIQUE DES SYNDICATS

ANCIENNES CORPORATIONS — LEUR ORIGINE

L'ancêtre, l'aïeul de nos syndicats actuels fut certainement les corporations qui commencèrent à s'établir en France au XIIe siècle, mais ces corporations n'étaient point une innovation, et M. Jules Simon peut venir dire : « Elles ne sont pas une invention du moyen âge, leur coutume se trouve déjà consacrée par la loi des douze tables », depuis que l'industrie existe, les hommes ont éprouvé le besoin de s'unir, de s'allier pour défendre leurs intérêts communs.

Leur création ne laissa pas que de s'attirer de puissants ennemis. Lors des premières tentatives, au XIIe siècle, le Clergé, alors tout-puissant, voulut les arrêter dès leur apparition. Au concile de Rouen, en 1189, il fut dit : « Il est des clercs et des laïques qui forment certaines associations pour se prêter concours les unes aux autres en toutes sortes d'affaires et surtout dans leur négoce, prononçant diverses peines contre ceux qui sont hostiles à leurs règlements. Mais la Sainte-Écriture déteste ces associations ou confréries laïques et de clercs parce que l'observance de leurs statuts peut amener au crime de parjure. Aussi, sous peine d'anathème, nous défendons qu'on crée de pareilles sociétés ou qu'on conserve celles qui existent déjà. » (Rosières, *Histoire de la Société française au moyen âge.*)

Mais cette résistance ne fut pas de longue durée; l'église, gagnée par la promesse de redevances, ne parla plus d'anathème, et la royauté, toujours en butte aux vexations des seigneurs féodaux qui, du IXe au XIIe siècle, lui avaient retiré le pouvoir public et l'avaient anéantie, comprit tout le parti qu'elle pouvait tirer de ces corporations et les favorisa en leur accordant concessions et privilèges.

Dès 1264, elles étaient complètement organisées et le prévost des marchands pouvait recueillir en un registre les statuts des corporations. Dans les autres pays, le même mouvement avait eu lieu. En Angleterre, il y eut les *Crafts*, et en Allemagne, les *Zunften.*

A cette époque de troubles, sous l'empire de la féodalité, ces corporations rendirent de grands services. Toute la puissance était aux mains du clergé et des seigneurs féodaux; la bourgeoisie, le Tiers-Etat n'existaient pas, le peuple opprimé, pressuré, ne jouissait d'aucune liberté, le commerce était entravé, le brigandage s'exerçait sans aucune répression sur les routes ; dans les villes, le peuple sentit la nécessité de se défendre.

« Dans les derniers temps de l'empire romain, dit M. Duruy, on voit les ouvriers de même profession s'associer entre eux. Les Germains, de leur côté, apportaient l'usage des Ghildes, dont tous les membres se promettaient appui et célébraient leur union, placée sous le patronage d'un dieu ou d'un héros, par des festins, ce qui valait aux membres de la Ghilde le nom de *Frères du Banquet*. Les deux institutions se mêlant formèrent les corporations du moyen âge. »

Mais ces associations renaissaient en plein moyen âge, aussi leurs statuts furent-ils emprunts de l'esprit de la constitution de la société à cette époque.

Tout d'abord, le clergé, puis la noblesse féodale, qui détenaient tous les pouvoirs à l'exclusion même de la royauté. Le roi n'était autre chose qu'un seigneur féodal, sans plus ni moins de puissance que beaucoup de ses vassaux, qui s'insurgeaient fréquemment contre lui. Puis, en bas de l'échelle sociale, le peuple, composé des serfs, mainmortables et vilains, manants ou roturiers.

Ce furent ces vilains qui, eux au moins, avaient conservé quelque liberté, principalement dans les villes et détenaient le peu de commerce et d'industrie qui existait à cette époque, qui créèrent ces corporations de gens d'un même métier. Mais ils firent des corporations pour ainsi dire fermées, leurs règlements exigeaient un apprentissage long, sévère et coûteux. Ils érigeaient en monopole, pour les membres de la corporation, l'exercice de leur industrie.

Le nombre des maîtres était déterminé par la corporation elle-même, partant point de concurrence possible ; la liberté du commerce était entravée. Toutes ces règles, sanctionnées par les concessions et les privilèges octroyés par le roi, créèrent une nouvelle classe de citoyens, la bourgeoisie, sur laquelle s'appuya la royauté pour triompher du pouvoir féodal.

Ainsi constituées, les corporations durèrent jusqu'à la révolution de 1789, non pas que l'utilité qu'elles avaient eu au début subsistât, bien au contraire ; devenues égoïstes, exclusives, elles furent un empêchement au développement de notre commerce, de notre industrie, et firent naître une démarcation profonde entre maîtres et ouvriers. Les édits succédèrent aux édits sans apporter de remède.

Charles V essaya d'établir la liberté de l'industrie.

« Tous ceux qui peuvent faire œuvre bonne peuvent ouvrer (travailler) en la ville de Paris, dit une ordonnance de septembre 1358. » (Duruy.)

Mais en même temps, ce prince accordait de nombreux privilèges à la bourgeoisie.

Louis XI continua la même politique; aussi, malgré les édits et ordonnances qui cherchaient à délivrer le commerce du joug des corporations, elles continuèrent à prospérer, car c'était par elles que la bourgeoisie avait conquis sa place et en leur maintien que résidait sa force.

En 1533, François Ier met sous sequestre les caisses des confréries qu'il dissout.

Colbert, à qui on doit une si grande part dans le développement de notre industrie, qui, dans ses célèbres ordonnances de 1673 et 1681, a été l'instigateur, le modèle, pour ne pas dire le créateur, de nos lois commerciales actuellement en vigueur, ne touche point aux corporations, mais bien plutôt s'en sert pour donner un plus grand essor au commerce, à l'industrie.

Ce n'est qu'en 1776 que Turgot leur porte un coup terrible dont elles se relèveront un moment pour tomber définitivement en 1791.

Turgot définit admirablement les écueils, les anomalies que présentait cette institution avec ses pratiques surannées qui dataient du XIIe siècle et que rien jusqu'alors n'avait pu entamer.

« Nous devons à tous nos sujets de leur assurer la jouissance pleine et entière de leurs droits, nous devons surtout cette protection à cette classe d'hommes qui n'ayant de propriété que leur travail et leur industrie, ont d'autant plus le besoin et le droit d'employer dans toute leur étendue les seules ressources qu'ils aient pour subsister.

» Nous avons vu avec peine les atteintes multipliées qu'ont donné à ce droit naturel et commun des institutions, anciennes à la vérité, mais que ni le temps, ni l'opinion, ni les caractères mêmes émanés de l'autorité qui semble les avoir consacrés, n'a pu légitimer.

» Dans presque toutes les villes de notre royaume, l'exercice des différents arts et métiers est concentré dans les mains d'un petit nombre de maîtres qui peuvent seuls, à l'exclusion de tous les autres concitoyens, fabriquer ou vendre les objets de commerce particulier dont ils ont le privilège exclusif, etc., etc..... »

Ce noble et beau langage ne fut point approuvé. La bourgeoisie ne voulait point abandonner ces privilèges qui la faisaient puissante et riche et repoussait de toutes ces forces ces tentatives généreuses qui voulaient accorder protection « à cette classe d'hommes qui, n'ayant de propriété que leur travail et leur industrie, ont d'autant plus le besoin et le droit d'employer dans toute leur étendue les seules ressources qu'ils aient pour subsister, » aussi l'édit de février fut-il rapporté en août. Nous attendrons jusqu'en 1791, loi des 2-27 mars, pour voir tomber cette vieille institution; mais le besoin de se réunir de s'associer entre gens de même profession est tellement inné chez les hommes que, dès 1808, nous les verrons reparaître avec, il est vrai, de notables changements, mais encore empreints de l'esprit bourgeois, de l'esprit autoritaire, de la domination du maître sur l'ouvrier.

L'article 1er de la loi de 1791 est ainsi conçu : « L'anéantissement de toutes les espèces de corporations de citoyens de même état et profession étant une des bases de la constitution française, il est défendu de les rétablir de fait sous quelque prétexte et quelque forme que ce soit. » La loi de germinal an XI venait compléter la loi des 2-27 juin 1791 en punissant de l'amende et en condamnant à un mois de prison, la « coalition des patrons tendant à forcer injustement et abusivement l'abaissement des salaires et suivie d'une tentative ou commencement d'exécution. Quant aux ouvriers, toute coalition pour cesser en même temps de travailler, interdire le travail dans les ateliers, empêcher de s'y rendre avant ou après certaines heures et en général pour suspendre, empêcher, enchérir les travaux était punie d'un emprisonnement qui pouvait aller jusqu'à trois mois. »

Cette loi de germinal établissait donc une distinction, une inégalité devant la loi entre les ouvriers et les patrons. Inégalité que ne fit que confirmer le code pénal de 1810, mais en aggravant les peines. (Art. 291-414-415-416.) L'assemblée nationale, éprise des doctrines égalitaires et imprégnée du contrat social de Jean-Jacques Rousseau, visait, en frappant de mort les corporations, à établir la liberté du commerce, le droit pour chacun, de s'établir sans passer par les nombreuses difficultés, par les épreuves sans nombre et coûteuses dont s'étaient entourées les bourgeoises corporations pour conserver le monopole de la production entre les mains d'un petit nombre et empêcher toute concurrence, mais elle n'avait point réfléchi que, du même coup, elle frappait le peuple lui-même et le livrait impuissant au capital. Il n'a fallu rien moins que près d'un siècle pour qu'il arrive à conquérir le droit de réunion. La loi de 1834, 10 avril, aggravait encore les dispositions de l'art. 291 du Code pénal.

En 1848, le gouvernement provisoire essaya d'accorder aux ouvriers le droit d'association et voulut supprimer les articles 414, 415 et 416, mais l'assemblée législative craignant, le spectre rouge qu'on avait agité devant elle, ne voulut point admettre cette suppression qui organisait la grève et pouvait en faire un instrument dangereux pour la société entre les mains des ouvriers trop enclins à suivre les beaux phraseurs émettant devant eux des idées subversives; néanmoins la loi de 1849 amena une amélioration sensible en faisant disparaître dans la rédaction des articles, les différences de pénalité qui existaient auparavant entre patrons et ouvriers. C'était un grand pas de fait, un acheminement vers la loi de 1884, qui ne fit que s'accentuer avec la loi de 1865.

Et cependant, comme je le disais plus haut, les corporations au sortir de la révolution ont commencé à se reformer, et ce sous la tolérance et même grâce aux encouragements des gouvernements successifs de la France, qui fermèrent les yeux complaisamment. C'est ainsi que dès 1808, la préfecture de police donne l'idée à des commerçants de s'assembler et de nommer des délégués!

Société des maîtres charpentiers de Paris 1808. Bureau des maçons 1809. Communauté des paveurs 1812. Couvreurs 1817. Plombiers, fontainiers et fondeurs 1825.

Toutes ces associations n'étaient en somme que des assemblées de patrons, et si, pour la maîtrise, on n'exigeait plus de chef-d'œuvre, si le nombre des maîtres ou patrons n'était plus limité, il n'en est pas moins vrai que la nouvelle organisation donnait une force de cohésion au patronage que ne possédait point l'ouvrier.

Les chambres syndicales naquirent de là et existent encore; elles ont rendu de grands services. Leur but était de nommer des arbitres, experts dans les litiges survenant entre commerçants, d'intervenir dans la nomination des juges consulaires, de créer des centres d'actions et d'informations pour veiller aux intérêts généraux et les sauvegarder.

Nous venons de voir que toutes les lois qui se succédèrent sur cette question, depuis la loi de 1791 jusqu'à la loi de 1884, ne firent, en quelque sorte, que frapper les ouvriers en les empêchant de se réunir, de se concerter, pour obtenir une augmentation de salaire. Quel but visèrent les auteurs des articles 414, 415, 416 du Code pénal de la loi de 1849? Ils voulurent entraver toute coalition et empêcher les revendications ouvrières.

Peu importait à la Restauration, à la Monarchie de Juillet, aux républicains de 48, que les patrons, la bourgeoisie, sur laquelle ils s'appuyaient, se réunissent en chambres syndicales; bien au contraire, n'était-ce point pour tous ces gouvernements œuvre de bonne politique de protéger, d'encourager cette classe bourgeoise que le régime électoral, alors en vigueur, envoyait seule aux urnes? Ils étaient les défenseurs du gouvernement : le gouvernement leur accordait concessions et privilèges. Ce fut Napoléon III qui, devant le suffrage universel, son œuvre, dut chercher un moyen de concilier les aspirations légitimes qu'il avait fait naître dans la classe populaire avec les craintes et les revendications de la classe bourgeoise qui voyait arriver avec le suffrage universel l'ère de la puissance du peuple, de la masse, et son abaissement. De là, cette timide loi de 1864 qui autorisait les coalitions, et, par une restriction contenue en deux mots, annulait la bonne volonté qu'elle semblait montrer.

Toutes ces lois ne firent que fortifier le capital et lui concéder en quelque sorte un monopole, puisque les artisans qu'il employait ne pouvaient jamais se réunir pour se concerter et prendre les résolutions qui pouvaient améliorer leur sort.

CHAPITRE III

OUVRIERS DES VILLES

Les anciennes corporations constituaient une caste à part.

Le nombre des maîtres, des compagnons, des apprentis étant limité, il s'ensuivait que quelque bon ouvrier qu'on puisse être, on arrivait compagnon sans jamais pouvoir monter plus haut et parvenir à la maîtrise. En plus, même, pour devenir compagnon, fallait-il un long et très coûteux apprentissage, le maître étant payé par l'apprenti, ce qui empêchait l'homme intelligent, mais qui n'avait point de ressources pécuniaires, d'apprendre le métier vers lequel le poussait ses aptitudes.

Les compagnons, devant leur infériorité et la toute puissance des maîtres de corporation, ne tardèrent point, eux aussi, à essayer de se réunir pour s'entr'aider et lutter contre les exigences des patrons. Mais, dans ces temps de priviléges, de hiérarchie établie à tous les degrés de l'échelle sociale, ces associations ne furent jamais permises ; elles existèrent néanmoins, mais furent soumises aux plus dures répressions chaque fois qu'elles voulurent relever la tête contre le joug des maîtres.

Les ouvriers, dit M. Reinaud dans son ouvrage sur les syndicats professionnels, ne faisaient point partie de la confrérie ; l'aide, l'assistance sont des faveurs qu'on leur fait.

Ils composent donc une caste tout à fait distincte ; ils forment parfois des assemblées sous le nom de compagnonnage, de « devoirs », mais ne jouissent pas, comme les maîtres, de la reconnaissance et de la protection de l'Etat.

S'ils essayent de se mettre en grève, on leur applique les sévérités d'une loi romaine de Monopoliis, et des lettres patentes de 1781 reproduisaient une législation antérieure qui interdisait à tous compagnons ou ouvriers « des assemblées en corps, sous prétexte de confrérie, ou autrement de cabaler entre eux pour se placer les uns les autres chez des maîtres ou pour en sortir, ou d'empêcher, de quelque manière que ce soit, les dits maîtres de choisir eux-mêmes les ouvriers soit Français ou étrangers, sous peine de cent livres contre les dits compagnons ou ouvriers ». Il est tellement vrai que l'ouvrier était ignoré et négligé, qu'en 1789, les cahiers des états si compréhensifs pourtant ne disent pas un mot de lui à part une ou deux exceptions.

En 1539, une ordonnance royale de Villers-Cotterets interdisait les associations et défendait aux compagnons de s'assembler hors des ateliers des maîtres.

Ces édits, ces ordonnances étaient appliqués avec rigueur.

Malgré tout, de loin en loin, la révolte éclatait, elle était aussitôt réprimée; mais, peu à peu, le peuple faisait son apprentissage. Il avait suivi les progrès de cette classe bourgeoise qui était sortie de lui, il l'avait vu grandir en aidant la royauté à triompher de la féodalité, puis s'immiscer dans les affaires publiques par ses revendications dans le Parlement, dans les Etats-Généraux.

La bourgeoisie se servait du peuple pour soutenir sa marche ascendante et le peuple, qui la touchait de près, sentit que c'était par elle qu'il arriverait un jour à triompher et de la noblesse et des vieux et antiques usages qui le privaient de sa liberté.

Dans toutes les manifestations de la bourgeoisie contre les grands ou l'autorité royale, le peuple la suit, l'appuie et lui donne la force par le nombre. Révolte des Maillotins, 1er mars 1382, qui fut vite réprimée.

En 1383, les bourgeois de Paris lèvent une armée

de vingt mille hommes pour intimider Charles VI ; cette démonstration ne servit qu'à l'irriter, et Paris y perdit ses franchises ; nombre de bourgeois et manants furent exécutés.

En 1410, le corps de ville demanda au Conseil du roi de confier la défense de Paris à un ami du duc de Bourgogne, au comte de Saint-Pol.

Il prit appui sur la grande et riche corporation des bouchers qu'il autorisa à lever cinq cents hommes pour la garde de la ville. Ils armèrent leurs valets, les tueurs, les écorcheurs. Cette tourbe violente, habituée à saigner, à tuer, qui se donna pour chef l'assommeur Caboche, se laissa mener quelque temps par ses maîtres et les docteurs de l'Université. (Duruy.)

Cette levée de boucliers populaires, sous la direction des maîtres de la corporation et des docteurs de l'Université, aboutit à l'ordonnance cabochienne, mais, « cette grande charte de réforme, œuvre du corps de ville et de l'Université, il se trouva des hommes pour la concevoir, il ne s'en trouva pas pour l'exécuter et la maintenir. Les gens sages et rompus aux affaires n'avaient alors ni volonté ni énergie politique ; ils se tinrent à l'écart et l'action resta aux exaltés et aux turbulents ; ceux-ci précipitèrent, par des excès intolérables, une réaction qui amena leur chute et l'abandon des réformes ». (Aug. Thierry.)

Parfois aussi, le peuple se levait de lui-même,

spontanément excité par la misère qu'il endurait, les impôts dont il était accablé ; il se livrait à toutes sortes d'excès qui, alors, lui attiraient de durs châtiments et le faisaient rentrer humble dans l'obéissance. Mais, ces essais de révolte avaient eu pour résultat de l'aguerrir peu à peu ; si, dans les réformes que demandait la bourgeoisie, elle ne tenait point compte de lui, il comprenait que, malgré elle, chaque empiètement qu'elle faisait sur les prérogatives du roi et de la noblesse était en même temps un pas de fait pour le peuple dans la marche lente et souvent arrosée de sang qu'il accomplissait vers son indépendance, sa liberté. Aussi, lorsque la bourgeoisie, la noblesse, captivées par les doctrines philosophiques du XVIIIe siècle, éprises des idées de liberté, d'égalité, que les philosophes leur inculquaient, voulurent abandonner leurs privilèges sur l'autel de la Patrie, quand les Etats-Généraux de 1789, l'Assemblée nationale fit, d'après ces nouveaux principes, et la déclaration des Droits de l'Homme et l'essai d'une constitution nouvelle qui conservait le roi en détruisant la royauté et donnait le pouvoir au Tiers-Etat, à la bourgeoisie, le peuple, qu'une longue souffrance avait exaspéré, ne rencontrant plus devant lui, pour l'arrêter, les vieilles institutions qui l'avaient jusqu'alors contenu, confondit, dans une même haine, dans le même désir de vengeance, et cette noblesse et cette bourgeoisie dont il avait été si longtemps le défenseur, l'obligé, la victime.

La Terreur naquit de là, mais cet état de choses ne pouvait durer. Comme toujours, les violences, les meurtres attirèrent une réaction inévitable, et Napoléon Ier, promulguant le Code, tout en tenant compte des conquêtes de la Révolution, restreignit le pouvoir populaire dont il voulut être le maître.

Jusque sous le second empire, le pouvoir reste exclusivement aux mains de la bourgeoisie, la Révolution n'avait servi qu'à cette classe de citoyens, et le peuple des villes retombait, après la Révolution, dans les mains et sous la toute-puissance du patron, du maître représentant le capital.

Il essaya, par la création de chambres syndicales ouvrières dont le but était de discuter le taux du travail et les conditions de la main-d'œuvre sans avoir recours aux grèves, de nommer des prud'hommes, experts, arbitres volontaires, de surveiller les apprentis, de créer des bibliothèques, des bureaux de placement, des institutions de prévoyance et de crédit.

Mais, ces associations tombaient sous le coup des articles 414, 415, 416 du Code pénal, et n'avaient dès lors qu'un but restreint qui laissait l'ouvrier à la merci du capital.

Ces associations d'ouvriers s'étaient formées sur le modèle des *trade's unions* d'Angleterre qui, dès

1825, avaient été reconnus, avaient rendu d'énormes services à la classe ouvrière et avaient évité les grèves.

Les *trade's unions* (voir le livre de M. le comte de Paris) étaient des associations d'ouvriers d'un même métier qui se réunissaient pour défendre leurs intérêts.

Tout d'abord, elles furent des sociétés secrètes poursuivies par les lois et n'étaient à proprement parler que des caisses de chômage, maintenant complètement reconnues et devenues très riches par les cotisations versées chaque semaine par leurs adhérents ; elles sont d'une utilité incontestable et ont rendu des services signalés à la cause ouvrière et à l'Angleterre. Elles forment des caisses de secours, de retraites ; elles empêchent presque toujours les grèves.

Les patrons, trouvant devant eux des sociétés puissantes représentées par un comité d'action et de surveillance, arrivent à traiter avec elles d'égal à égal et à résoudre pacifiquement toutes les questions, sans avoir recours aux mesures violentes. *Si vis pacem para bellum.* Dans cette guerre du travail et du capital, la richesse des associations ouvrières, qui leur permet de résister aux prétentions qu'ils jugent injustes de la part de leurs patrons, pèse d'un grand poids pour arriver aux solutions amiables.

En France, les ouvriers ne purent former ces

associations puissantes ; la crainte de l'effervescence populaire arrêta toujours les bonnes volontés ; à peine la loi de 1864 faisait-elle faire un timide pas à la question, elle indiquait, toutefois, que le besoin d'une réforme était dans l'air, que la question ouvrière était nettement posée, et qu'il fallait par quelques concessions banales apaiser le courant qui s'établissait, et devait aboutir à la loi libérale de 1884.

Nous venons de parcourir rapidement les étapes de la classe bourgeoise et des ouvriers des villes constamment en contact avec elle et profitant de sa marche en avant, de ses conquêtes sur la vieille société pour s'élever à son tour. Constamment mêlé aux événements qui s'accomplissaient à Paris, au centre même des mouvements, des progrès réalisés peu à peu en faveur des idées de liberté, d'égalité devant la loi, le peuple, quoique illettré, faisait son éducation politique, et, voyant grandir autour de lui, aspirait à s'affranchir de tout ce qui le retenait captif des vieilles traditions. Sous la Terreur, il avait été maître, semant partout terreur et effroi, sapant par la base le vieil édifice social ; ses atrocités, son règne tyrannique et sanglant avaient effrayé, aussi retomba-t-il du premier au second rang. L'égalité était bien restée proclamée en principe, mais la bourgeoisie, revenant aux affaires et seule désormais maîtresse, puisqu'elle avait détruit la noblesse, substitua à cette noblesse la puissance de l'argent, du capital. Le peuple comprit qu'il n'avait fait que changer de maître, mais il lui a fallu quatre-vingts ans pour conquérir ce droit d'association qui pourtant est de droit essentiellement naturel, l'homme étant né pour vivre en société.

CHAPITRE IV

PEUPLE DES CAMPAGNES

Alors que nous venons de voir l'ouvrier des villes marcher à la conquête de sa liberté et la conquérir pied à pied à travers les âges, que faisaient les ouvriers de la campagne, le paysan? Trouverons-nous chez lui, dans son histoire, quelque trace d'efforts pour améliorer son lamentable état. Non, à travers les âges, il restera l'esclave de la terre sur laquelle il est né; jusqu'en 1789, malgré l'abaissement, l'anéantissement de la puissance féodale, il demeurera, tout comme la terre qu'il cultive, la chose, la propriété du seigneur, du maître à qui il appartient.

Au XIe siècle, tout en bas de l'échelle sociale, nous trouvons « le serf proprement dit, les hommes de la terre livrés à l'entière discrétion du chef, du noble, du propriétaire du fief ». « Le sire, dit Dumanoir, peut leur prendre tout ce qu'ils ont et les tenir en prison toutes les fois qu'il lui plaît, soit à tort, soit à droit, et il n'est tenu à en répondre, fors à Dieu. » Au-dessus sont les mainmortables « plus débonnairement traités; car le seigneur ne leur peut rien demander si ils ne meffont fort leurs cens et leurs rentes et leurs redevances qu'ils ont accoustumé à payer pour leurs servitude ». Mais le mainmortable ne peut se marier sans le consentement du seigneur, et s'il prend femme franche ou née hors de la seigneurie, « il convient qu'il fine (finance) à la volonté du seigneur ». C'est le droit de formariage. Les enfants seront également partagés entre les deux seigneurs. S'il n'y en a qu'un, il sera au seigneur de la mère. A la mort des mainmortables, tout ce qu'ils possèdent appartient au seigneur. Pour eux, nul moyen d'échapper à la rude main qui les courbe sur le sillon. Si loin qu'ils aillent, le droit de suite s'attache à leur personne, à leur pécule; le sire hérite partout de son serf.

A un degré supérieur se trouvent les tenanciers libres appelés manants ou roturiers; leur condition était moins précaire. Ils avaient sauvé leur liberté que le serf ne possédait pas, et ils tenaient, à condition d'une rente annuelle et de corvées, les terres censives que le propriétaire domanial leur avait concédées. Mais, tandis que leurs tenures bénéficiaires ou fiefs étaient sous la garantie d'un droit public et bien déterminé, les tenures censives étaient dans la juridiction absolue du propriétaire et garanties seulement par des conventions privées. C'est pourquoi les vilains, surtout « ceux des campagnes, qu'il n'était point nécessaire de ménager comme ceux des grandes villes, étaient, eux aussi, soumis à un pouvoir le plus souvent illimité ». (Duruy, *Histoire de France*, exposition du système féodal, p. 224-225.)

Ces hommes sont les ancêtres de nos paysans. Comment secouer ce dur joug? c'était chose impossible; toujours sous les yeux de leur seigneur, gardé par ses soldats, le moindre esprit de révolte était cruellement étouffé, et puis ajoutez à cela que cet état de servage était une nécessité des temps.

« Les corporations, dit encore M. Duruy, donnaient quelque sécurité à l'industrie des villes, mais l'agriculture n'en avait pas. Les forêts, les landes couvraient de vastes espaces, et ce n'était qu'autour des villes et bourgs fermés, autour des châteaux-forts et des monastères qu'on trouvait des terres bien cultivées, car le laboureur n'osait s'aventurer dans la campagne loin de tout lieu de refuge. »

En échange de son servage, le seigneur donnait au paysan la sécurité, la protection. Quel état précaire, et dans quelle dépendance ne se trouvait-il pas? Pour ces malheureux, il ne pouvait être question de former des corporations, ils étaient dans un état d'infériorité et de servage beaucoup trop marqué; les biens qu'ils acquéraient revenant au seigneur, ils vivaient au jour le jour sans but, indifférents à tout. Tout le monde connaît l'adage alors en vogue et qui dépeint bien la triste position du serf, du vilain : « Jacques Bonhomme ne lâche point son argent si on ne le roue de coups. Mais Jacques Bonhomme payera, car il sera battu. Oigney vilain, il vous poindra. Poignez vilain, il vous oindra. » Le commencement de l'organisation municipale des campagnes, dont le document le plus ancien qui nous soit parvenu ne date que de 1380, n'amena pas un grand changement à leur position, il faut toutefois le signaler comme un embryon de ce qui, plus tard, deviendra la liberté communale. Parfois, comme en 1358, les paysans exaspérés, comprenant que tout le poids des malheurs publics tombait sur eux, las d'être pillés par les chefs de bandes, pillés par l'ennemi, spoliés du peu qui leur restait par les seigneurs, se révoltèrent, brûlèrent les châteaux, commirent mille atrocités; mais bientôt ils furent défaits, malgré l'appui de Marcel et des bourgeois de Paris. Marcel, cet homme de génie, précurseur des idées de liberté qui ne devaient avoir leur application que quatre siècles plus tard, avait compris la solidarité qui devait exister entre les villes et les campagnes, mais aussi bien pour les unes que pour les autres, les temps n'étaient point encore venus.

La bourgeoisie, le peuple des villes en s'insurgeant avaient eu un but nettement déterminé : ils avaient voulu imposer à la société des principes nouveaux, une constitution nouvelle, et vaincus ils continuèrent la lutte à travers les siècles pour arracher lambeau par lambeau quelque bribe à la puissance des castes privilégiées, tandis que le peuple des campagnes, en se levant en masse, n'avait obéi qu'à l'instinct de la bête affamée et irritée par la cravache du dompteur, il s'était rué sur ce qu'il jugeait l'oppresseur, détruisant tout sans savoir quel parti il pourrait tirer de la victoire. La défaite ne servit qu'à l'anéantir et à le replonger dans son indifférence. Il nous donnera encore ces spectacles de soulèvement, mais sans jamais y rien gagner.

Jusqu'aux États-Généraux de 1484, jamais les paysans n'avaient été admis à présenter de cahiers de remontrances, comme avaient pu le faire les populations des villes ; c'était une grande innovation, l'avènement des populations rurales à la vie publique. Mais qu'on ne s'y trompe pas, c'était bien plutôt au profit de la royauté et pour achever la ruine de ce qui restait encore de l'indépendance de la féodalité vis-à-vis du monarque, que cette réforme avait lieu. Le roi recevait directement ainsi les doléances des campagnes et s'immiscait dans leur administration qui, jusqu'alors, ne dépendait que du seigneur.

Le paysan était toujours le plus maltraité. Sur lui retombaient les impôts, la terre ne lui appartenait pas, il était incapable d'amasser une fortune le sol restait, comme au moyen âge, aux mains des nobles et les capitaux, cette grande puissance des temps modernes, commençaient à s'amasser dans celles des négociants. Et cet état de misère, d'infériorité, durera jusqu'à la Révolution.

Lisez les *Origines de la France contemporaine*, de M. Taine, et vous verrez que les fiefs, au XVIIIe siècle, existent encore tout comme au moyen âge ; le propriétaire n'a plus d'autorité, mais a conservé ses privilèges, car ces privilèges étaient des statuts réels et non personnels qui suivaient le fief en quelque main qu'il se trouvât. De sorte que beaucoup étaient possédés par des bourgeois, des roturiers, à qui la noblesse ruinée avait dû les vendre ; mais la condition des paysans ne changeait point ; rivés à la terre, ils suivaient la terre, payant la dîme, les droits féodaux, soumis à toutes les vexations, à la misère.

La Bruyère écrivait juste un siècle avant 1789 : « L'on voit certains animaux farouches, des mâles et des femelles, répandus par la campagne, noirs, livides et tout brûlés du soleil, attachés à la terre qu'ils fouillent et remuent avec une opiniâtreté invincible ; ils ont comme une voix articulée, et quand ils se lèvent sur leurs pieds, ils montrent une face humaine, et, en effet, ils sont des hommes. Ils se retirent la nuit dans des tannières où ils vivent de pain noir, d'eau et de racines ; ils épargnent aux autres hommes la peine de semer, de labourer, de recueillir pour vivre et méritent de ne pas manquer de ce pain qu'ils ont semé. »

Mais on ne s'occupe guère de ces malheureux, on ne les craint pas, ils ne comptent pas dans la société.

Paye, Jacques Bonhomme, paye et ne te plains pas, chétif hère dont la condition est de mourir de faim, peu importe ta misère. En parcourant la France, Arthur Young peut faire cette triste remarque, en 1789, que l'agriculture en est encore au xe siècle. Ils constate que, sous l'empire de la misère, la race s'est atrophiée, que les hommes sont vieux avant l'âge.

Mais voici un tableau tiré par M. Taine des *Mémoires*, de Mirabeau, qui dépeint bien l'état physique et intellectuel du paysan d'alors : « On secourt le paysan, on le protège ; rarement on lui fait tort, mais on le dédaigne. On l'assujettit, s'il est bon et facile ; on l'aigrit et on l'irrite, s'il est méchant... Il est tenu dans la misère, dans l'abjection, par des hommes qui ne sont rien moins qu'inhumains, mais dont le préjugé, surtout dans la noblesse, est qu'il n'est pas de même espèce que nous... Le propriétaire tire tout ce qu'il peut et, dans tous les cas, le regardant, lui et ses bœufs, comme bêtes domestiques, il les charge de voitures et s'en sert, par tous les temps, pour tous voyages, charrois et transports. De son côté, le métayer ne songe qu'à vivre avec le moins de travail possible, à mettre le plus de terrain qu'il peut en depaître ou pacages, attendu que le produit provenant du croît du bétail ne lui coûte aucun travail. Le peu qu'il laboure, c'est pour semer des denrées de vil prix, propres à sa nourriture : le blé noir, les raves, etc. ; il n'a de jouissance que sa paresse et sa lenteur et d'occupation volontaire que d'engendrer. »

Malgré sa misère, devant les besoins toujours croissant des seigneurs endettés, le paysan est devenu propriétaire de petits lopins ; mais alors, plus il acquiert et produit, plus ses charges deviennent lourdes. En 1715, dit M. Taine, la taille et la capitation, qu'il paie seul ou presque seul, étaient de 66 millions ; elles sont de 93 en 1759, de 110 en 1789... Sans doute, en théorie, par humanité, on veut le soulager, on a pitié de lui ; mais, en pratique, par nécessité et routine, on le traite, selon le précepte de Richelieu, comme une bête de somme à qui l'on mesure l'avoine, de peur qu'elle ne soit trop forte et regimbe comme un mulet qui, étant accoutumé à la charge, se gâte plus par un long repos que par le travail.

Aussi le caractère de cet homme se ressent-il de ses souffrances physiques, j'allais ajouter et morales ; mais peut-il être question de souffrance morale chez cet être pusillanime, défiant, engourdi, « avili », peu différent des anciens serfs ? (*Procès-*

verbaux de l'Assemblée provinciale de la Généralité de Rouen, 1787, p. 271.)

Il ne sait ni lire ni écrire, ne s'intéresse à rien; le seul but de sa vie est de ne pas mourir de faim.

« Tâchez de vous figurer le paysan d'alors clos et parqué de père en fils dans son hameau, sans chemins vicinaux, sans nouvelles, sans autre enseignement que le prône du dimanche, tout entier au souci du pain quotidien et de l'impôt, avec son aspect misérable et desséché, n'osant réparer sa maison, toujours tourmenté, défiant, l'esprit rétréci et, pour ainsi dire, raccorni par la misère. Sa condition est presque celle de son bœuf ou de son âne et il a les idées de sa condition. Pendant longtemps il est resté engourdi, « il manque même d'instinct »; machinalement et sans lever les yeux, il tire sa charrue héréditaire. »

Voilà les hommes que la Révolution va rendre libres. Pendant des siècles, alors que bourgeois et manants, ouvriers, artisans des villes s'étaient élevés peu à peu et par le contact des autres classes, par la vue des progrès de tout genre accomplis sous leurs yeux, avaient développé leur intelligence et ouvert leur esprit aux idées de justice et d'égalité, le paysan était resté ignorant de tout, continuant à travailler, à courber la tête sans qu'à travers son cerveau atrophié, il ait pu concevoir l'idée d'une condition meilleure pour lui.

Sitôt que ses maîtres, ses seigneurs auront disparu dans la tourmente révolutionnaire, sitôt que leur autorité ébranlée ne le tiendra plus sous sa main, il s'émancipera et, comme la bête fauve, comme jadis les Jacques, il brûlera, pillera, sous la conduite de gens sans aveu, des libertins, des pires sujets de village qui, de gré ou de force, par la crainte, l'entraîneront à leur suite et lui feront commettre mille atrocités.

Enfin la Terreur cesse, le Consulat, l'Empire viennent mettre un frein à ce vagabondage, à cette orgie de sang, à ce déchaînement de toutes les passions viles et basses; des lois basées sur la justice, l'équité, proclamant bien haut la liberté individuelle, l'égalité des citoyens furent promulguées.

Le paysan allait-il profiter de cette ère nouvelle qui s'ouvrait devant lui! Libre, ni plus ni moins imposé que les autres citoyens, allait-il travailler à acquérir de nouvelles connaissances, marcher de l'avant, faire faire des progrès à l'agriculture, tirer de la terre tout le produit qu'elle devait rendre, s'affirmer dans l'État, réclamer les lois nécessaires à ses besoins. C'est ce que nous allons étudier.

De l'état des campagnes et du paysan avant 1789 que nous venons d'indiquer, on peut tirer la conclusion que toute cette classe était tenue dans l'oubli, ou plutôt n'était comptée pour rien; et il ne venait à l'esprit de personne qu'on put tirer un parti quelconque, utile à l'intérêt commun, de ces gens abrutis par leur servage et les exigences du fisc. L'agriculture était complètement négligée, alors que, pourtant, en ces malheureux temps de disette effroyable qui fut, en grande partie, cause de l'effervescence populaire et de la Révolution, un encouragement quelconque, une décharge d'impôts pouvait amener le défrichement de terres incultes, augmenter la production et, par contre, diminuer les chances de famine. Cependant l'expérience en avait été faite : « Par l'édit de 1766, une terre défrichée reste affranchie pour quinze ans de la taille d'exploitation et, là-dessus, dans vingt-huit provinces, 400,000 arpents sont défrichés en trois ans. » (Taine, *Procès-verbaux de l'Assemblée provinciale de Basse-Normandie*, 1787, p. 205.) Voilà ce que le moindre soulagement pouvait produire à cette époque.

Pendant la Révolution, le paysan était devenu propriétaire de cette terre qu'il convoitait sourdement depuis si longtemps, mais ce ne fut qu'avec méfiance qu'il acheta les biens des émigrés, les biens nationaux. Il avait la crainte d'en être dépossédé à la suite d'une réaction possible : aussi ces biens furent-ils vendus à vil prix. Il ne fallut rien moins que le vote du milliard d'indemnité aux émigrés pour le rassurer sur sa tranquille possession. Malgré ce pas en avant, sa situation est-elle bien changée ? Hélas, non ! Lisez la lettre de Paul-

Louis Courier, au rédacteur du *Censeur*, 10 juillet 1819 :

« Sous Louis XIV, on découvrit qu'un paysan était un homme, ou plutôt, cette découverte faite depuis longtemps dans les cloîtres, par de jeunes religieuses, alors seulement se répandit et d'abord parut une rêverie de ces bonnes sœurs, comme nous l'apprend La Bruyère : Pour des filles cloîtrées, dit-il, un paysan est un homme.

» Il témoigne là-dessus combien cette opinion lui semble étrange. Elle est commune maintenant, et bien des gens pensent, sur ce point, tout comme les religieuses, sans en avoir les mêmes raisons.

» On tient assez généralement que les paysans sont des hommes. De là, à les traiter comme tels, il y a loin encore. Il se passera long temps avant qu'on s'accoutume, dans la plupart de nos provinces, à voir un paysan vêtu, semer et recueillir pour lui, à voir un homme de bien posséder quelque chose, etc., etc. »

Pendant plus de la moitié du XIXe siècle, le paysan, cultivant la terre machinalement, put vivre tranquille et, grâce à son esprit d'économie, acquérir petit à petit, le territoire se morcela, et le sol fertile de la France lui procura un bien-être relatif. Sans instruction, sans esprit d'initiative, content de son modeste sort, si parfois, dans ce milieu ignorant et grossier, un esprit plus subtil, avide d'apprendre, de s'élever, venait à paraître, bien vite il quittait la campagne pour aller chercher fortune dans les villes, et devenir un bourgeois, un fonctionnaire. (Voir *Lettre II, de Paul-Louis Courier, sur un projet d'amélioration de l'agriculture*, par J. Dugault).

Le paysan, propriétaire lui-même, prenant des goûts de luxe, émigrait aussi à la ville et louait ses terres ; la campagne perdait ainsi ses forces vives, l'intelligence et les capitaux : capitaux et intelligence allaient à l'industrie. Celle-ci se développait bien vite avec une incroyable rapidité, et la fortune mobilière qui, au commencement du siècle, était pour ainsi dire nulle, s'accrut dans des proportions énormes.

Alors que les capitaux placés en terres, en bien fonds, ne rapportaient que 2 1/2 et 3 0/0, ceux placés dans les entreprises industrielles donnaient des intérêts beaucoup plus considérables. L'argent, l'intelligence, l'activité, abandonnèrent la campagne qui ne pouvait arriver à leur donner le gain, les jouissances d'amour-propre qu'ils trouvaient dans les villes. Les campagnes ainsi délaissées restèrent arriérées, ignorantes, indifférentes, privées qu'elles étaient des seuls hommes qui auraient pu, en restant dans leur pays, dans leur sphère, secouer la torpeur du caractère campagnard, le faire sortir de la routine et, à l'instar de l'industrie, conquérir une place prépondérante dans l'Etat.

Au commencement du siècle, les difficultés de

transports, de communications tinrent les campagnes isolées, sans nouvelles des évolutions qui s'accomplissaient en ce siècle, et le paysan, tout occupé de ses intérêts matériels et présents, resta ce qu'il était : la force motrice, aveugle, inintelligente, qui laboure, sème et récolte, parce qu'elle a été remontée pour faire ce travail, et sans s'inquiéter d'apporter un perfectionnement.

La Révolution, en proclamant l'égalité des hommes, avait ouvert toutes les carrières à toutes les classes, et alors que, sous l'ancien régime, il n'y avait qu'une minorité de la nation qui pouvait prétendre à la fortune, à la gloire ; les barrières qui retenaient la grande majorité, une fois brisées, on vit s'élancer dans l'arène, pour y marquer sa place, cette multitude d'hommes sortis du peuple, sortis de l'air pur de la campagne où croupissaient encore leurs pères, leurs frères.

La légende de l'homme de génie, du grand industriel, du grand artiste, du grand chirurgien arrivé à Paris en sabots, avec ses longs cheveux et la mine effarée, est profondément vécue ; c'est celui-là qui va venir infuser un sang nouveau dans les villes, apporter à la science et aux arts le fort tempérament de sa race de pauvres hères qui a résisté à toutes les misères, à toutes les déceptions, à toutes les vexations. Mais, celui-là, arrivant seul par son travail, son intelligence, se fera, l'apôtre de la ville, et, dans l'enivrement du triomphe, dédaigneux, méprisant ce travail dans lequel s'use et languit cette famille dont il est né pourtant, il oubliera la campagne et, loin de chercher à la relever, il sourira avec les beaux esprits de la ville du pauvre et inintelligent paysan. Il sera le premier à affirmer lui, ce fils de la terre, qu'il n'y a rien à faire avec l'esprit grossier du paysan, que d'ailleurs la culture n'est point une industrie, une chose intelligente, que c'est une routine et une occupation qui laissent l'esprit subordonné à la matière.

Il n'y a malheureusement point que ces intelligences élevées qui aient déserté la campagne. Le bon ouvrier, le paysan ayant reçu une instruction primaire, qui a développé son intelligence, émigre aussi vers la ville, attiré par l'appât d'un salaire plus fort, d'un travail moins rude, d'une vie plus facile. Il ne tarde pas, ouvrier industriel, ouvrier de la ville qu'il est devenu, à faire cause commune avec ses nouveaux compagnons : ce ne sera qu'avec mépris de ses anciens frères, qui s'usent, du matin au soir, à travailler pour gagner un salaire qu'il considère comme dérisoire, qu'il parlera des campagnards.

Le petit cultivateur n'a qu'une ambition : éloigner son fils du village, en faire un monsieur, marier sa fille avec un bourgeois, et les capitaux s'en vont avec le jeune homme et avec la dot de la fille.

Voilà le grand mal, voilà comment la culture est restée, sans capitaux, aux mains des moins intelligents, et, par conséquent, si longtemps sans faire de progrès.

Mais alors, une révolution économique s'est produite. Des pays nouveaux sont venus inonder nos marchés de leurs produits que leur prix de revient, dans ces territoires immenses, récemment défrichés et acquis à des prix infimes, leur permettaient de donner à bas-prix ; notre culture, telle qu'elle était pratiquée, ne pouvait plus lutter contre la concurrence étrangère : nombre de fermes ne trouvèrent plus preneurs, les terres se vendirent à vil prix, nombre de biens restèrent en friche.

Une réaction salutaire s'opéra dans le pays tout entier. Les propriétaires poussèrent le cri de détresse, le gouvernement, dans les bureaux de l'Enregistrement, constata par la baisse des droits de mutations, combien était vive cette crise agricole. Il fallait y porter un prompt remède.

Le peuple des campagnes, armé de son bulletin de vote, était une puissance avec laquelle on était obligé de compter. Des droits protecteurs furent votés, et des savants, des chimistes, cherchèrent les moyens de relever la production de la terre. D'un autre côté, nombre de propriétaires, lésés dans leurs intérêts, abandonnèrent la ville et vinrent occuper leurs fermes qu'ils ne pouvaient plus louer. Avec eux revenaient, dans une minime proportion il est vrai, et les capitaux et l'instruction qui avaient abandonné la culture.

L'agriculture tend à devenir une industrie; c'est elle la fabrique de la matière première, il faut que l'on se persuade de cette idée, et que bientôt on arrive à lui donner les facilités du commerce en ne se renfermant point dans une définition abstraite du commerçant et en étendant à la plupart des actes de l'agriculture l'estampille commerciale qui lui permettra d'avoir une justice plus prompte, une procédure moins longue et moins couteuse que celle imposée par le Code civil.

La campagne a envoyé à la ville son intelligence, ses capitaux; aujourd'hui les carrières sont bondées, chacun cherche sa vie. Un immense champ, une branche d'industrie primée jusqu'à présent par les autres se présente aux hommes de bonne volonté. Qu'ils y viennent, et bientôt le résultat couronnera leurs efforts.

Le gouvernement, sous cette impulsion, a déjà fait beaucoup pour relever notre agriculture aux abois; les subventions ne manquent pas, l'organisation de concours, les primes données, les droits de douanes, la création de chemins de fer d'intérêt local; toutes ces innovations ont amené, amènent et amèneront, j'en suis convaincu, d'excellents résultats, une amélioration sensible dans l'existence de l'habitant des campagnes. Et pourtant les sacrifices que s'est imposés l'État tout en produisant un effet salutaire, n'obtiennent point encore les fruits que l'on en devrait attendre. Le paysan en général ne lit pas, il se tient fort peu au courant même des choses qui l'intéressent, il est philosophe, et malheureusement il a une philosophie absolument fausse; il ne veut pas croire à l'amélioration de son sort. Combien m'ont répondu alors que je leur indiquais la marche à suivre dans telle ou telle affaire qui leur était absolument personnelle et les intéressait au plus haut point : « Mais, Monsieur, ça c'est bon pour vous qui connaissez tant de choses, on vous écoutera, mais moi, qu'est-ce que vous voulez que je m'occupe de ça, on m'enverra promener. » C'est là le grand mal, les bienfaits du gouvernement se répandent sur un petit nombre, et la masse intéressante, le petit cultivateur, le petit ménager n'en a point sa part, ou quand il l'obtient, cette part est-elle si minime qu'elle n'apporte presque aucune amélioration à son état. A cette constatation d'insouciance du paysan, vous me répondrez qu'en répandant l'instruction comme on le fait maintenant, l'intelligence se développera, et que plus tard dans l'avenir, l'agriculteur sera à même de lire, de commenter les travaux sur l'agriculture et d'en tirer profit, se tiendra au courant des primes, des subventions, des sacrifices, en un mot, de l'Etat en sa faveur. C'est bien mal connaître les mœurs de nos ouvriers et habitants des champs que de parler ainsi. Oui, le fermier le fera, mais jamais le petit ménager, le petit fermier travaillant lui-même. Croyez bien que celui-là quand il revient des champs ne pense point à lire, mais bien à se reposer, et le dimanche il sortira pour aller sur la place passer la journée avec ses amis à jouer aux cartes, causer de ses affaires, cours du marché, vente, location de biens, mais qu'il ne cherchera nullement à lire quoi que ce soit ayant trait à son métier, et puis s'il apprend en causant que telle société d'agriculture organise un concours, il secouera la tête en disant que c'est bon pour les gens riches, qu'il n'a pas moyen et autant de choses qui l'excusent, aux yeux de tous, et à ses propres yeux, de son apathie; si on lui parle d'expériences nouvellement faites et donnant de bons résultats, il aura grand peine à y croire, et il faut qu'il ait vu pour essayer, et encore. Mais quel remède alors? Il nous est fourni par la loi de 1884; c'est ce que nous allons étudier.

CHAPITRE V

SYNDICAT AGRICOLE

Sur la porte de chaque local affecté à un syndicat, je voudrais voir écrit en grosses lettres: L'Union fait la force. C'est bien là la noble et belle devise qui convient à ces associations. Qu'est-ce en particulier qu'un syndicat agricole.

Le syndicat agricole est la réunion d'un certain nombre de cultivateurs qui tiennent des assemblées, se concertent entre eux pour l'étude des questions agricoles et s'occupent de se procurer, aux conditions les plus avantageuses de bon marché et de qualité, toutes les choses dont ils besoin pour leur culture. Cette définition peut s'appliquer actuellement aux syndicats existant à l'heure actuelle, elle embrasse à peu près tout ce que font ces syndicats, et à mon avis, cela n'est pas assez. Le gouvernement, qui a autorisé ces réunions, doit en attendre beaucoup plus. Pour qu'une institution soit vraiment utile et démocratique, il faut qu'elle vienne en aide à tous les citoyens indistinctement quelle que soit leur position sociale, leur situation de fortune. Le syndicat agricole, tel qu'il est organisé actuellement, remplit-il cette condition? Est-il utile au plus grand nombre des hommes qui vivent de la terre? Est-il vraiment démocratique? Je répondrai hardiment: non! et je vais essayer de faire partager mon opinon.

La culture en France a subi l'évolution que je signalais au début dans toutes les branches d'industrie. Les machines ont été inventées : semeuses, moissonneuses, batteuses à vapeur ou avec manège. L'outillage agricole s'est perfectionné, et si un de nos pères, ayant quitté sa ferme depuis cinquante ans, y revenait tout à coup, il serait singulièrement étonné de voir les nombreux instruments nouvellement créés pour remplacer la main-d'œuvre et aller vite.

La main-d'œuvre a augmenté; un bien-être, inconnu jadis, a pénétré dans nos campagnes; la culture tend à se transformer, il s'agit de faire une culture intensive, forçant produire à la terre des récoltes que jamais autrefois nos pères n'auraient osé espérer. C'est que la chimie est venue en aide à la culture et que, dans notre siècle de vie à outrance, il faut produire beaucoup et au meilleur marché possible pour pouvoir utilement lutter contre la concurrence étrangère. L'Amérique nous envoie ses blés qu'elle produit à un bon marché extrême dans ces terrains vierges qui ne demandent qu'un léger travail et n'ont besoin d'aucune fumure. Dans un temps donné, lorsque des chemins de fer auront été établis, l'Inde anglaise, dont le sol est fertile, nous enverra aussi ses produits. L'Algérie, la Tunisie, qui furent autrefois les greniers de Rome, commencent déjà, sous l'influence française, à retrouver quelque chose de leur ancienne prospérité. Il faut donc, devant la concurrence existante et devant celle dont nous sommes menacés à brève échéance, que la vieille culture française, par son perfectionnement, son travail et grâce à la ténacité et à la simplicité de mœurs de nos braves paysans, arrive à lutter avantageusement contre ces jeunes pays qui, si nous ne nous y employions pas de tout notre cœur, feraient de nos riantes campagnes de France des terres en friche. Mais notre vieux sol est riche, nos bras français sont vaillants, et l'intelligence, la science de nos maîtres en agriculture nous procurent les moyens de lutter. Les découvertes de M. Georges Ville ont montré l'utilité des engrais chimiques; la culture n'est plus un métier de routine, mais devient maintenant une industrie, une science; certes, nos braves campagnards ont une peine infinie à se convaincre de cette évolution; il faut pourtant qu'ils se rendent à l'évidence, et les syndicats contribuent déjà à répandre ces utiles connaissances parmi les chefs de la grande et moyenne culture. Mais combien faut-il et faudra-t il encore lutter, non seulement contre la routine du paysan privé d'instruction, mais encore contre les propriétaires fonciers, qui continuent à consentir leurs baux à des charges et conditions pendant longtemps justifiées, mais qui, maintenant, ne sont plus qu'une entrave à la culture telle qu'elle est enseignée déjà par nos maîtres modernes? Examinez encore à l'heure actuelle la plupart des baux de ferme. Vous y verrez cette clause : « Que le fermier n'aura pas le droit de vendre la paille qui doit être entièrement consommée dans la ferme et répandue en fumier sur les terres, » et bien d'autres choses encore que je pourrais citer ; mais mon but n'est point de signaler tous les abus que la routine fait commettre, mais bien de chercher le moyen efficace de combattre cette routine, de faire l'éducation agricole de l'habitant des campagnes, de lui donner des armes pour lutter et vaincre dans cette guerre pacifique, mais grosse de conséquences, avec l'étranger et ce besoin de vie à bon marché. Beaucoup se figurent que nous autres agriculteurs, nous ne cherchons qu'à vendre cher nos produits, et, pour un peu, on nous accuserait volontiers de vouloir affamer le peuple. Quelle lamentable erreur! Mais que de beaux discours humanitaires, à phrases ronflantes et creuses, ont fait prononcer ces simples mots : le pain à bon marché ! Que de succès électoraux vis-à-vis du trop crédule ouvrier des villes, qui, pour un peu, considérerait son malheureux frère des campagnes comme un ennemi de son bien-être.

Non, nous ne voulons pas affamer le prolétaire ; bien au contraire, nous voulons, en instruisant les campagnes, en leur fournissant les moyens de cultiver le mieux possible, arriver à ce résultat : du pain à bon marché, mais faisant aussi vivre et manger celui qui le produit.

L'habitant des campagnes produit la matière première à de nombreuses industries, mais il est aussi un gros consommateur des choses fabriquées.

Interrogez les commerçants d'une ville de province : ils vous diront tous, que, quand la culture va, tout va ; si ce consommateur réclame des droits de protection sur ce qu'il produit lui-même, il faut qu'il en ait absolument besoin, certain qu'il est, que, si des droits sont votés sur les choses qu'il produit, par compensation, il en sera aussi voté sur les choses qu'il consomme.

Le mieux serait assurément le libre-échange ; mais, pour le moment, il est impossible, et la Chambre et le Sénat ont agi sagement en édictant ce régime de protection dans lequel nous sommes entrés.

A nous de travailler maintenant à relever notre agriculture à l'abri de ces lois, et de profiter de ce moment favorable pour instruire le paysan des nouvelles méthodes de culture, lui fournir les moyens de les mettre en pratique, et l'amener, lui-même, dans un temps donné, à ne plus avoir besoin de protection.

La tâche est lourde, mais le but est beau, et doit tenter tous ceux qui ont à cœur la grandeur et la prospérité de leur patrie.

CHAPITRE VI

DIFFÉRENCE DES SYNDICATS AGRICOLES ET DES SYNDICATS INDUSTRIELS

Les syndicats agricoles se distinguent d'une manière toute particulière des syndicats professionnels, en ce sens que, pour l'industrie, la loi de 1884 donnera naissance dans chaque métier à deux syndicats poursuivant un but complètement opposé. D'un côté, syndicat de patrons, et de l'autre, syndicat ouvrier. Tandis que les syndicats de patrons, en dehors des études économiques intéressant leur industrie, s'occuperont de former une ligue, de se soutenir entre eux contre les prétentions de leurs ouvriers en cas de grève, les syndicats ouvriers poursuivront un but diamétralement contraire, organiseront la grève, se soutiendront, et pendant ces débats, l'industrie chômera. Ils arriveront à traiter, je le veux bien. Les deux adversaires d'égale force, également armés, se craignant même, arriveront, par des concessions réciproques, à terminer le conflit. Mais il y aura eu conflit, il sera toujours à l'état latent, les partis en présence n'ayant point les mêmes *desiderata* : il y aura dans un même métier deux forces en lutte, toujours prêtes sous le moindre prétexte à en venir aux mains. Qu'importe à l'ouvrier que l'industriel ne gagne point d'argent? Ce qu'il lui faut, à lui, c'est son salaire quotidien qui lui permet de vivre, lui et sa famille. Notre ennemi, c'est notre maître.

Certes, il se place à un point de vue faux ; s'il écrase la main qui le paye, il ne pourra pas être payé, mais la difficulté est grande de faire comprendre cette chose, pourtant bien simple, à celui dont les enfants crient la faim. Et puis, à côté de l'ouvrier laborieux qui, lui, serait susceptible de comprendre, il y a le fainéant, le débauché, l'ouvrier chassé de partout ; orateur de réunions publiques, empoisonné dans son esprit par la lecture des journaux anarchistes à un sou, qui, au nom de la solidarité, entraînera, dans l'aventure d'une grève contre le patron, l'ouvrier tranquille et honnête qui se croit obligé de faire cause commune avec lui. C'est que la grève, l'agitation, c'est son élément : il sera roi éphémère, ce beau parleur, cet énergumène, cette brebis galeuse, et, malheureusement, le syndicat ouvrier lui offre un terrain facile.

Evidemment, il proposera des mesures inacceptables pour les patrons et, soutenu par le troupeau de moutons de Panurge qu'il entraîne par sa verve audacieuse, il sera la bête venimeuse, le chancre des syndicats ouvriers.

Dans le syndicat agricole, la distinction entre syndicat des patrons et syndicats ouvriers n'existe pas : ici, point d'intérêts divers, bien au contraire. Le syndicat agricole est composé et sera composé de fermiers, propriétaires, et avec eux, je ne dis même point à côté d'eux, d'ouvriers des champs. C'est que, avec le morcellement de notre territoire, le genre de vie de nos campagnes, tout ouvrier est ou petit propriétaire ou locataire d'un coin de terre. Il n'est point dans nos villages de maisons à six étages ; toutes nos chaumières, nos maisonnettes ont jardin, coin de terre : dans l'étable est la chèvre ou la vache, dans le poulailler, quelques volailles ; la vache, pour le pauvre, est en location, il travaille à la journée dans une ferme, son lopin de terre est cultivé le plus souvent par le fermier chez lequel il est employé ; la femme vend le beurre, les œufs qu'ils ont de trop : il est chez lui, patron, petit ménager, il a les mêmes besoins dans sa modeste sphère que le gros cultivateur.

L'ambition de tout paysan ouvrier est, suivant une expression employée chez moi « de ne plus avoir besoin d'aller devant le monde », c'est-à-dire, de ne point être obligé de se mettre en service, et, sitôt qu'il est marié, bien vite il louera quelques lopins de terre qu'il cultivera et dont il cherchera à augmenter le nombre. Dans les fermes, ne sont ouvriers résidents que les jeunes gens non mariés. On se plaint souvent du manque de bras de la culture, la source en est là. Sitôt marié, le paysan s'établit à son compte, et s'il travaille dans les grandes fermes, c'est qu'il n'a pas assez pour s'occuper chez lui.

Où donc trouver les éléments d'un syndicat ouvrier, dans ces conditions? Je trouve bien plutôt des adeptes pour le syndicat agricole. L'ouvrier de la terre est patron chez lui, il est intéressé à l'avenir de la culture, et fera partie, côte à côte avec le gros fermier, de cette institution, le jour où il verra qu'il en peut tirer profit.

Ce morcellement de la terre, louée ou possédée par petite partie par les ouvriers agricoles, tend à s'accentuer de plus en plus. C'est en effet ce petit ménager dont la condition est la moins précaire. Tout d'abord, pas de frais généraux : il est lui-même son ouvrier, il arrive à bien cultiver et faire produire à sa terre de belles et fortes récoltes.

Développez, organisez des syndicats en les mettant à sa portée, et vous le verrez bientôt en faire partie.

CHAPITRE VII

UTILITÉ DES SYNDICATS AGRICOLES

Comme nous l'avons dit dans cet exposé rapide de l'état de la culture en France, les découvertes récentes de la chimie, les machines nouvellement créées doivent modifier de fond en comble le mode de culture jusqu'alors employé ; la première chose est donc de faire connaître, de mettre à la portée de tous, ces découvertes, mais ce n'est point par des livres que peut se faire cette instruction, c'est par l'expérience, la démonstration.

Cette nécessité de l'instruction agricole des campagnes est reconnue de tous, et les pouvoirs publics, les Conseils généraux ont, par la création d'écoles d'agriculture, les fonds votés pour encourager les champs d'expériences, les récompenses honorifiques données aux auteurs de ces expériences, tenté la diffusion dans les masses des progrès, des découvertes faites dans le domaine agricole; les syndicats peuvent et doivent utilement seconder ces efforts et il leur est facile de se servir des éléments qu'on met entre leurs mains.

L'instruction des habitants de la campagne doit être essentiellement pratique et démonstrative, les livres, les publications périodiques ne seront un moyen de propagande qu'envers les plus instruits, les gros fermiers, mais la masse ne les lira pas, il faut donc propager la doctrine par un autre moyen; les champs d'expériences, les conférences par des membres du syndicat de bonne volonté seront le mode le plus facile d'instruction.

Les syndicats établis aux chefs-lieux de canton seront à même de faire faire ces expériences sur les sujets intéressant le plus la région dans laquelle ils sont installés.

Il ne manquera pas de cultivateurs dans chaque village pour seconder ces efforts dès qu'ils se sentiront soutenus, et soyez convaincu que chacun s'y intéressera, en causera en bien, en mal peu importe : de la discussion jaillit la lumière, et la lumière se fera.

Pour certaines cultures intensives comme celles de la betterave, les départements du Nord et du Pas-de-Calais ont fait, depuis quelques années surtout, des progrès sensibles; c'est par les champs d'expériences que les fabricants de sucre ont créés dans nombre de villages, sitôt qu'ils trouvaient un cultivateur de bonne volonté, que s'est propagée la connaissance de cette culture industrielle qui, par l'emploi des engrais chimiques qu'elle nécessite, les soins constants à donner à la terre, à la plante qu'elle impose, était une révolution dans le mode de culture. Ce que les sucreries ont pu faire pour la betterave, le syndicat peut le faire pour d'autres produits.

Pour nous résumer, l'enseignement agricole peut et doit être donné : 1° par des conférences ; 2° par la création de champs d'expériences.

Pour que le syndicat puissent trouver parmi ses membres ces divulgations des nouvelles méthodes, il faut instruire en premier l'état-major, le gros fermier, le propriétaire fermier. La création d'une bibliothèque agricole au siège du syndicat arrivera facilement à ce but, l'abonnement à certains journaux, à certaines publications s'occupant d'agriculture auront bien vite créé un centre, un noyau d'informations où les plus lettrés viendront puiser les notions, les connaissances utiles à leur profession. De plus, tous les industriels produisant les choses employées dans la culture, aideront facilement à la formation de cette bibliothèque, par l'envoi de brochures traitant des objets qu'ils vendent ou fabriquent, de leur mode d'emploi, des résultats acquis, etc.

Le recrutement des gens dévoués et instruits peut se faire encore en utilisant les écoles d'agriculture. Le syndicat peut créer des bourses pour les jeunes gens les plus instruits, les plus intelligents; chaque année, nombre de ces jeunes paysans qui ont le goût de l'étude, passent leurs examens pour obtenir leur brevet de capacité, couronnement des études primaires; après quoi, faute d'argent, les parents les reprennent avec eux et les emploient aux travaux des champs. Le syndicat pourrait utilement ouvrir un concours et, suivant les subsides qu'il peut donner, accorder un certain nombre de bourses pour leur permettre de continuer leurs études, passer par l'école d'agriculture du département avant de revenir dans leur foyer. En échange, le syndicat pourrait imposer, au moment du concours, un engagement de la part de ces jeunes gens, à venir résider à la fin de leurs études dans le canton d'où le syndicat qui les a fait instruire recrute ses adhérents, et à faire profiter, par des expériences, par des conférences, les cultivateurs du canton des connaissances qu'ils ont acquises.

En dehors de cette instruction, le syndicat doit procurer d'autres avantages à ses membres. L'emploi constant des produits chimiques comme engrais exige de la part de ceux qui les emploient d'agir avec beaucoup de discernement et, malheureusement, il n'en est pas ainsi, on s'en sert un peu trop à la légère dans les campagnes, parce que l'instruction n'est point faite sur ce sujet. Tel engrais qui convient à une espèce de terre ne convient point à une autre; pour qu'il profite à la terre, il faut tenir compte de sa composition; en effet, l'engrais chimique n'a pour but que de restituer ou de donner à la terre les matières organiques dont elle a besoin pour produire. L'analyse d'une terre est donc de nos jours un élément indispensable pour quiconque est animé du désir de bien cultiver; mais pour faire cette analyse, il faut laboratoire et chimiste; dans chaque département, les sociétés d'agriculture les ont organisés, mais l'éloignement, la nécessité de correspondre, d'écrire, sont des efforts que l'apathie naturelle et l'insouciance du petit cultivateur le rendent incapable de faire. Il faut donc que le syndicat lui vienne encore en aide dans ce cas... S'il ne lui est point facile, faute de ressources pécuniaires, de monter un laboratoire, il peut toujours se charger des démarches, de la correspondance pour l'envoi des objets à analyser au laboratoire le plus proche.

Le paysan illettré est souvent exploité par des hommes d'affaires peu scrupuleux qui profitent de son ignorance. Ces hommes pullulent dans les petites localités, des lanceurs d'affaires, des banquiers véreux inondent les campagnes de prospectus séduisants qui viennent draîner l'argent de nos campagnards. Là encore, le syndicat peut jouer un rôle protecteur bien efficace en créant un bureau de renseignements, de contentieux, qui se chargerait d'indiquer la marche à suivre dans nombre d'affaires, de recommander les hommes de loi honorables à qui il faut s'adresser, donnerait des réponses aux questions posées sur la jurisprudence, les affaires, etc.

Peu à peu, le paysan prendra l'habitude de s'adresser à son syndicat chaque fois qu'il se trouvera embarrassé sur un point quelconque, il deviendra plus confiant, moins méfiant et tirera de son bas de laine, qui existe encore bien plus que l'on ne pourrait le supposer, certaines sommes d'argent qui, judicieusement placées et rendues à la circulation, lui donneront un bénéfice et contribueront à la richesse publique. On ne peut se faire une idée de la quantité immense de capitaux restant improductifs entre les mains des petits propriétaires de la campagne, et quelle source de richesse pourrait en résulter pour le pays en trouvant le moyen de les rendre à la circulation.

Je ne puis ici entrer dans tous les détails de l'organisation d'un syndicat d'autant plus que cette organisation doit s'inspirer des besoins locaux qui changent avec chaque contrée ; je ne puis qu'indiquer les grandes lignes qui sont bien plutôt des exemples que des statuts à imposer à chaque syndicat.

Ces associations doivent donc chercher à répandre une instruction à la fois technique et surtout pratique, et à devenir le protecteur naturel de leurs adeptes.

CHAPITRE VIII

DISCUSSION DES ARTICLES DE LA LOI

ARTICLE 1er DE LA LOI DE 1884.

Sont abrogés la loi des 14-27 juin 1791, et l'article 416 du Code pénal.

Les articles 291, 292, 293, 294 du Code pénal, et la loi du 10 avril 1834 ne sont pas applicables aux syndicats professionnels.

La loi de 1884 a été l'objet d'une étude très consciencieuse de la part de la Chambre et du Sénat. Il suffit, pour s'en convaincre, de remarquer la date de la présentation du projet de loi devant la Chambre, 22 novembre 1880, et la date de sa promulgation, 21 mars 1884.

L'idée prédominante chez les inspirateurs de cette loi fut d'affranchir complètement et les ouvriers et les patrons des entraves au droit d'association et de coalition qu'avaient mises les lois précédentes.

Comme nous l'avons déjà remarqué au début de cet ouvrage, la loi du 17 juin 1791, ayant en vue de briser la tyrannie des anciennes corporations, défendait toute espèce d'association. Mais on n'avait point tardé à revenir sur cette loi, et comme toujours, la réaction fut trop forte et produisit des abus terribles.

La loi du 13 juin 1793 déclarait « qu'il était fait défense aux autorités constituées de troubler les citoyens dans le droit de se réunir en société populaire » (article 2); et la loi du 25 juillet 1793 protégeait ces sociétés par une exorbitante pénalité, « prononçait contre quiconque les empêcherait de se réunir ou tendrait de les dissoudre la peine de dix ans de fers, s'il s'agissait d'un fonctionnaire, et de cinq années de fers, s'il s'agissait d'un simple particulier ». (*Journal du Palais.*)

De cette loi naquit la puissance des clubs qui exercèrent leur tyrannie partout, et jusque sur les délibérations de la Convention.

La Constitution du 5 thermidor an III signala le retour ardemment souhaité vers des idées gouvernementales, et les articles 360, 361 et 362 frappèrent de mort les clubs et sociétés populaires.

Les législateurs de 1810 s'inspirèrent, pour l'article 291 et suivants, d'un décret du 7 thermidor an V. Il ne pouvait être favorable au droit d'association ; les cruelles épreuves par lesquelles avait passé le pays, et que la plupart des hommes de 1810 avaient subies, les disposaient peu à accorder le droit d'association ; néanmoins, ils ne voulurent point complètement anéantir ce droit et l'autorisèrent, mais avec des restrictions.

Pour que la prohibition ne demeure pas illusoire, disait M. le Garde des sceaux, il ne faut pas laisser aux associations la faculté de se diviser en sections dont chacune, prise à part, se composerait de vingt membres et qui, réunies, s'élèveraient à un nombre supérieur à celui que la loi tolère.

La loi de 1884 maintient les articles 291, 292, 293, mais les déclare non applicables aux syndicats professionnels, non plus que la loi de 1834.

Les articles 291 et suivant visent les associations en général, tandis que les syndicats professionnels ne sont autorisés qu'autant qu'ils s'occupent des intérêts professionnels des membres qui les composent. C'est un point très important à déterminer, car si, sous prétexte de syndicats, on pouvait organiser des associations politiques, on retomberait fatalement dans les errements de la législation de 1793, et d'une loi libérale favorisant le commerce et l'industrie, on en viendrait bien vite à créer une arme de combat contre le gouvernement.

Aussi, le législateur a-t-il eu bien soin de maintenir ces articles, mais de les déclarer inapplicables aux syndicats professionnels.

Il n'en est pas de même des articles 414, 415 et 416 qui, eux précisément, ne s'occupent que de réglementer le droit de coalition des ouvriers et des patrons et de protéger la liberté du travail.

Déjà, en 1848, le gouvernement provisoire avait voulu donner aux ouvriers d'une même industrie le droit de coalition et supprimer les articles 414, 415 et 416; mais l'Assemblée législative repoussa cette proposition, et maintint les articles.

La loi de 1864 modifia les articles dans un sens favorable aux coalitions; mais, les mots « à la suite d'un plan concerté » qu'elle introduisit, soulevèrent de longues discussions et donna un droit illusoire.

M. Emile Ollivier eut beau défendre cette loi, elle ne contenta personne; bien au contraire, elle ne fit qu'aggraver l'état des esprits, et M. Jules Favre put venir dire : « Avec un tel article, si j'avais l'honneur de faire partie du ministère public, on pourrait me donner une coalition quelconque, la plus innocente des innocentes parmi celles qu'a signalées l'honorable rapporteur, il n'y en a pas une qui échappât à la poursuite et à la condamnation. »

Ces mêmes articles, en 1881, soulevèrent de nombreuses controverses. La difficulté consistait à savoir où commençait et où s'arrêtait « la liberté du travail ».

L'article 416 fut l'objet de la polémique la plus vive. Deux fois le Sénat, en 1882, s'opposa à la suppression de cet article, mais, en 1884, à la suite des discours de MM. Tolain, rapporteur, et Waldeck-Rousseau, ministre de l'Intérieur, il revint sur ses premières décisions et adopta la suppression pure et simple de l'article 416.

Le gouvernement reste armé par les articles 414 et 415, vis-à-vis de la pression exercée par violence ou voie de fait ; mais la pression morale, les amendes imposées, les défenses, les proscriptions ne tombent plus sous le coup de la loi.

Il est vrai que nul n'est contraint de subir les exigences d'un syndicat, nul n'est forcé d'en faire partie, nul n'est tenu d'y rester : l'article 7 a bien eu soin de spécifier le droit pour chacun d'entrer et de se retirer d'un syndicat quand bon lui semblerait.

Je ne viens point prétendre que, malgré cette faculté, beaucoup d'ouvriers ne laisseront point violenter leur conscience par camaraderie, par fausse honte, c'est malheureusement le revers de toutes les lois humaines d'avoir un côté faible, par lequel peuvent se glisser les abus ; mais, en ce cas, il faut envisager la question dans son ensemble, et au cas particulier, le maintien de l'article 416 eût constitué, tout comme les mots « par un plan concerté », de la loi de 1864, une quasi-impossibilité de former des syndicats.

Le législateur a donc bien fait de supprimer cet article.

En ce qui concerne spécialement l'agriculture

dans ce premier paragraphe de la loi, je ferai observer que, jusqu'en 1864, les cultivateurs ne tombaient point sous le coup de l'article 416, non plus que de la loi de 1834 ; ils étaient régis par une loi spéciale des 28 septembre et 6 octobre 1791 sur la police rurale.

Titre II, n° 19. — « Les propriétaires ou les fermiers d'un même canton ne pourront se coaliser « pour faire baisser ou fixer à vil prix la journée « des ouvriers ou les gages des domestiques, sous « peine d'une amende du quart de la contribution « mobilière des délinquants, et même de la détention de police municipale, s'il y a lieu. »

N° 20. — « Les moissonneurs, les domestiques « et ouvriers de la campagne ne pourront se liguer « entre eux pour faire hausser et déterminer le « prix des gages ou les salaires, sous peine d'une « amende qui ne pourra excéder la valeur de douze « journées de travail, et, en outre, de la détention « municipale. »

Cette loi ne fut abrogée que lors de la promulgation de la loi du 25 mai 1864.

Article 2.

Les syndicats ou associations professionnelles, même de plus de vingt personnes exerçant la même profession, des métiers similaires ou des professions connexes concourant à l'établissement de produits déterminés, pourront se constituer librement, sans l'autorisation du gouvernement.

L'article 2 indique d'une façon générale et très large les personnes qui peuvent constituer légalement des syndicats professionnels. Il importait, tout en étendant le privilège de la loi à un grand nombre de personnes, de ne point, par une facilité trop grande, donner prétexte à des gens n'ayant point d'intérêts industriels, commerciaux ou agricoles à défendre, la faculté de se réunir, de former des associations ayant un but politique ou autre, et d'échapper ainsi à l'application des articles 291 et suivants.

Le législateur a voulu que les syndiqués concourussent, patrons et employés, à la production de produits déterminés. Tous les travaux préparatoires de la loi indiquent bien cette intention : il s'agit d'ouvriers, d'employés salariés du commerce ou de l'industrie, et de patrons employant ces ouvriers.

Les professions libérales ne peuvent arguer du sens large des mots exprimés dans le texte de la loi, non plus que des paroles du rapporteur de la loi devant le Sénat.

« La Commission, a-t-il dit, n'a jamais eu la pensée de restreindre, limiter et circonscrire l'application de la loi aux seuls ouvriers industriels, elle espère, bien au contraire, que la loi qui vous est soumise est une loi très large, dont se serviront un très grand nombre de personnes auxquelles, tout d'abord, on n'avait pas songé : les gens de bureau, par exemple, les comptables, les commis et employés de toute espèce, en un mot, toute personne qui exerce une profession, ainsi qu'il est dit dans la loi, aura le droit de se servir de la nouvelle législation que vous allez voter. »

Tous les exemples que cite dans ces quelques mots le rapporteur sont pris parmi les personnes salariées, employés d'administration, de commerce, mais il n'est point, ici, question de profession libérale.

Dès 1885, la Cour de cassation a fixé cette jurisprudence (27 juin 1885, D, 861-137).

D'ailleurs, l'article 3 confirme absolument cette doctrine. Les termes employés à sa rédaction constituent clairement, et d'une façon absolument limitative, les intérêts dont peuvent s'occuper les syndicats.

Article 3.

Les syndicats professionnels ont exclusivement pour objet l'étude et la défense des intérêts économiques, industriels et commerciaux.

Tout d'abord, ainsi que je l'ai rappelé au début de cet ouvrage, les mots « et agricoles » ne se trouvaient point dans le projet de la Commission; ce fut sur l'observation de M. Oudet, lorsque la loi revint pour la troisième fois devant le Sénat, que cette modification, ou plutôt cette addition, eut lieu. L'observation de M. Oudet donna lieu à une déclaration importante de la part du rapporteur de la loi, M. Tolain, déclaration dont j'ai déjà cité le passage intéressant.

Les agriculteurs, à la faveur de la loi de 1865, avaient pu former certaines sociétés ; mais ces sociétés étaient limitatives : elles ne pouvaient avoir pour objet qu'un but déterminé, soit dessèchement de marais, soit digues à construire et entretenir contre l'envahissement de la mer.

En dehors de ce but, elles ne pouvaient en avoir un autre ; la différence avec la loi de 1865, c'est que les syndicats actuellement organisés peuvent s'occuper de tous les intérêts économiques, industriels et commerciaux des membres qui les composent.

Alors que les sociétés existant en vertu de la loi de 1865 avaient besoin d'une autorisation du gouvernement pour se constituer et acquérir la personnalité civile, les syndicats créés en vertu de la loi de 1884 n'ont plus besoin de cette autorisation. De simples formalités, d'une exécution facile, sont seules exigées.

ARTICLE 4.

Les fondateurs de tout syndicat professionnel devront déposer les statuts et les noms de ceux qui, à un titre quelconque, seront chargés de l'administration ou de la direction.

Ce dépôt aura lieu à la Mairie de la localité où le syndicat est établi, et à Paris, à la Préfecture de la Seine.

Ce dépôt sera renouvelé à chaque changement de la direction ou des statuts.

Communication des statuts devra être faite, par le Maire ou le Préfet de la Seine, au Procureur de la République.

Les membres de tout syndicat professionnel, chargés de l'administration ou de la direction de ce syndicat devront être Français et jouir de leurs droits civils.

Les syndicats jouissant d'un droit d'exception énorme puisqu'ils échappent aux articles 291 et suivants, il était urgent que l'administration fût tenue au courant de leur formation, de leurs statuts, des personnes qui les composent. Le contrôle du gouvernement doit pouvoir s'exercer à tous moments, par les soins du procureur de la République chargé spécialement, dans son ressort, de veiller à l'exécution des lois.

Les statuts des syndicats doivent être portés à la connaissance des autorités locales : le Maire, dans les provinces, la Préfecture de police, à Paris.

Tout d'abord, il avait été question d'établir une distinction entre les syndicats désireux d'obtenir la personnalité civile, et ceux qui, n'en ayant pas besoin, ne la réclamaient point; mais cette opinion ne prévalut pas.

Comme je l'ai déjà dit, la loi de 1884 ne vise que les associations ayant un intérêt économique, industriel ou commercial; établir une distinction, sous un prétexte quelconque, pour dispenser certaines de ces associations de la publicité équivalait à autoriser les associations en général, et à établir un trouble, une confusion, qui aurait eu pour résultat, en faussant l'esprit de la loi, de la rendre suspecte; et puis, on ne comprend pas très bien en quoi les formalités imposées peuvent gêner, en quoi que ce soit, une association de gens véritablement réunis pour s'occuper d'affaires.

Si le droit d'association existait complètement, si les articles 291 et suivants étaient abrogés, certes, la distinction tout d'abord admise serait justifiée; mais il fallait prendre des précautions infinies pour que justement la loi de 1884 ne fût pas exploitée comme autorisant toutes associations.

Le législateur n'a point imposé de forme spéciale pour le dépôt; mais la circulaire ministérielle du 25 août 1884, s'inspirant de l'esprit général de la loi qui veut accorder une extrême facilité à la formation des syndicats, et écarter tous les obstacles qui pourraient entraver leur libre création, déclara que deux exemplaires suffiraient, l'un restant à la mairie où chacun pourrait le consulter, et l'autre entre les mains du procureur de la République, le dépôt de cet exemplaire étant fait par les soins du maire ou du préfet de police.

Les décisions du Ministre des finances et de l'administration de l'Enregistrement poursuivant le même but appliquèrent la loi du 13 brumaire an VII, article 16, § 1, qui dispense ces dépôts des droits et de la formalité du timbre, les faisant ainsi rentrer dans l'exception accordée aux actes de police générale.

Il importait en outre que le nom des personnes chargées à un titre quelconque de l'administration ou de la direction fussent connues. Cette question de personne, fort prudemment introduite dans la loi qui exige même la qualité de Français, est, à mon avis, fort importante.

Tout d'abord, la personnalité civile que confère la loi aux syndicats donne une responsabilité très grande à ceux qui ont la direction des affaires de ces syndicats ; il fallait que ces personnes fussent d'une honorabilité connue, et n'est-ce pas ce point qu'a voulu établir le législateur en mettant ces mots « jouissant de leurs droits civils » ; l'expression n'est pas assez claire, et ne manifeste point assez quelles personnes on a voulu exclure dans ce paragraphe.

La mort civile, telle que l'avait instituée le Code civil, n'existe plus. Pour trouver la catégorie des personnes visées dans ce paragraphe de la loi, il nous faut recourir à l'article 42 du Code pénal.

Cette interprétation semble plausible et rentre dans les intentions du législateur.

La qualité de Français est aussi exigée ; ce fut l'idée patriotique qui fit ajouter cette clause ; on ne voulut pas que, dans l'éventualité d'une guerre, des étrangers pussent avoir une influence considérable sur toute une catégorie d'individus ; mais est-ce bien là toute la pensée du législateur. A côté de la question patriotique, il y a aussi la question économique. Les États ne se font pas seulement la guerre sur les champs de bataille avec des armées considérables, la guerre, dont les conséquences sont les plus graves, est celle qui se livre chaque jour en pleine paix dans les rapports industriels, commerciaux et économiques. Le législateur n'a-t-il point entrevu le danger qu'il y aurait pour les industriels français d'une même industrie d'avoir à leur tête un étranger qui, tout en habitant la France, n'est pas moins un étranger dont les intérêts peuvent être contraires à ceux des Français qui l'ont choisi.

Si ces étrangers étaient établis en France sans esprit de retour dans leur pays, que ne se font-ils naturaliser? S'ils veulent rester étrangers, c'est que de cœur, d'intérêts, ils restent attachés à leur pays; ils sont donc suspects de préférence, d'ailleurs légitime, pour leur patrie, et l'on ne peut servir deux patries à la fois. Il y avait un danger que le législateur a sagement écarté.

Article 5.

Les syndicats professionnels régulièrement constitués d'après les prescriptions de la présente loi pourront librement se concerter pour l'étude et la défense de leurs intérêts économiques, industriels, commerciaux et agricoles; les unions devront faire connaître, conformément au 2e paragraphe de l'art. 4, les noms des syndicats qui les composent; elles ne pourront posséder aucun immeuble, ni ester en justice.

Cet article de la loi de 1884, aussi bien que la suppression de l'article 416 du Code pénal, a soulevé bien des controverses, a trouvé bien des adversaires. La question est en effet très délicate. Le grand point est toujours le même : ne pas confondre le droit de se syndiquer entre gens ayant un intérêt commun du domaine industriel ou commercial avec la liberté d'association.

L'union des syndicats paraît de prime abord donner la faculté, la possibilité de contourner la loi et d'arriver à se soustraire aux articles 291 et suivants.

L'article 2 de la loi de 1884 spécifie bien que les personnes voulant constituer un syndicat devront exercer la même profession, des métiers similaires ou des professions connexes, concourant à l'établissement de produits déterminés. Cet article ne laisse aucun doute dans l'esprit, et on conçoit aisément les intérêts communs que peuvent avoir les ouvriers d'une même industrie.

Mais, il n'en est point de même de l'article 5, qui permet à tout syndicat régulièrement constitué de se réunir à d'autres syndicats; il n'est point stipulé que l'union n'est permise qu'entre syndicats dont les membres exercent la même profession ou des professions connexes, concourant à l'établissement de produits déterminés, non, tout syndicat régulièrement constitué peut se réunir à d'autres, quelle que soit la branche d'industrie qu'il représente.

N'allons-nous point arriver, disent les uns, à une fédération de travailleurs qui, réunis sous prétexte de défendre des intérêts commerciaux, ne tarderont point à changer le but primitif de l'union et à s'occuper de la question sociale telle qu'elle est posée actuellement, par des esprits échauffés, par les rêveurs, et les gens qui veulent faire de la question ouvrière le piédestal de leur fortune.

Examinons ce qui se passe dans la plupart des congrès ouvriers. Ordre du jour : Question des salaires — Question de la durée des heures de travail. Nombre d'ouvriers sérieux s'intéressent à ces débats, mais bientôt la parole est donnée à un soi-disant ouvrier, apôtre du socialisme, du collectivisme, etc. La réunion commencée sagement, organisée pour s'occuper de questions importantes et dont la solution s'impose, ne tarde point à dégénérer en discussion anarchiste. Le mot question sociale est prononcé, fraternité de tous les travailleurs, guerre au capital. D'une réunion dont on devait attendre des travaux aidant à la solution des questions ouvrières, il ne sort qu'un projet de manifestation au 1er Mai. Les esprits ont été profondément remués : tel ouvrier, entré avec le désir ardent de la conciliation et la ferme volonté d'étudier les améliorations à apporter dans le sort des travailleurs, rentre chez lui la tête bourrée d'idées subversives qui, à un moment donné, feront de lui un danger pour la société.

Une union semblable peut décréter la grève générale de tous les travailleurs et plonger un pays d'un jour à l'autre dans l'anarchie et le désordre. Mais, répond-on, le gouvernement est armé par les articles 291, 414 et 415. L'arme est bien fragile et illusoire. Les ouvriers se sont réunis légalement sous la sauvegarde de l'article 5 de la loi de 1884, ils se sont occupés de leurs intérêts commerciaux communs, question des salaires, question des heures de travail. Ils ne se sont point occupés d'autre chose ; pour obtenir satisfaction, ils ont décrété la grève générale, la mise en interdit des patrons, ils n'exercent point de violence pour porter atteinte à la liberté du travail, ils ne tombent donc sous les coups d'aucuns des articles de la loi, et le gouvernement reste impuissant, ou à peu près. Là est le danger de cet article.

On peut répondre que les personnes qui résonnent ainsi s'exagèrent de beaucoup la créance dont jouissent auprès des ouvriers les doctrines anarchistes et collectivistes. Certes, dans les grandes villes, il y a bien une certaine quantité de gens sans aveu, sans foi ni loi qui seraient tentés de vouloir tout bouleverser pour pêcher en eau trouble, mais la grande majorité des ouvriers, tout en cherchant à améliorer son sort, ne fait point cause commune avec cette tourbe violente.

D'ailleurs l'article 9 de la loi de 1884 qui édicte les peines contre les infractions à la présente loi donne encore une arme de plus au gouvernement.

Certes, le gouvernement est armé, mais l'histoire qui, en toutes choses, doit nous inspirer et nous servir de modèle, nous apprend par tous les faits qu'elle porte à notre connaissance qu'il vaut mieux prévenir la rébellion que d'avoir à la réprimer.

De tous les documents qui nous sont parvenus sur les faits qui se sont passés en 1789 pendant la

Terreur et qui chaque jour deviennent plus nombreux, il ressort une conviction profonde que, si la Révolution, si l'esprit de réforme était bien dans le cœur des Français, les scènes de désordre et de cruauté qui marquèrent le règne de la Terreur ne furent l'œuvre que d'une infime minorité de citoyens qui, par la peur qu'ils inspiraient, contraignirent les pouvoirs publics à les tolérer, à ne plus oser appliquer la loi à leur égard.

Toutes les discussions, la rédaction même prise dans son ensemble de la loi de 1884 démontrent surabondamment la crainte du législateur d'accorder indirectement le droit d'association, malgré cela, beaucoup de personnes craignent que cet article 5 ne devienne facilement le point de départ d'une vaste association comprenant tous les ouvriers de France obéissant à un seul mot d'ordre.

Ne soyons pas pessimistes et augurons mieux du bon sens de nos compatriotes ; si, dans les autres nations, il souffle un vent de socialisme, de nihilisme et de toutes espèces de doctrines subversives, n'oublions point que l'état de la classe ouvrière dans tous ces pays n'est point à comparer avec celui des ouvriers français ; que grâce à la liberté dont il jouit depuis la Révolution et le développement de notre industrie, l'ouvrier, le bon ouvrier arrive à posséder. De celui-là, vous ne ferez point un danger pour la société, il usera du droit que vous lui conférez pour discuter ses intérêts concurremment avec ceux du capital qui l'emploie, mais il sait, il comprend, l'expérience lui prouve chaque jour qu'il est une force dans la nation, une force puissante, qu'il est libre dans un état libre, que l'Etat, c'est lui avec son bulletin de vote, et il répudiera toute compromission avec les fauteurs de désordre.

Il n'y a rien d'ailleurs qui pousse les hommes à la modération comme la conscience de leur force. Un pouvoir indiscuté, véritablement sûr de lui-même, ne sera jamais enclin à faire des lois de combat, mais bien plutôt cherchera à être débonnaire et juste : la puissance du nombre est récente, le peuple est dans l'enfance de sa liberté acquise par le suffrage universel. Comme l'enfant qui vient de naître, il fait peu à peu son éducation : l'enfant n'apprend qu'il ne faut pas toucher au feu que quand il a senti l'impression, la sensation de la brûlure, il va partout, essaye de tout, et ce n'est qu'à force de horions, de chutes, de petits accidents nombreux, qu'il arrive à la connaissance des choses qui l'entourent, qu'il acquiert l'idée de ce qu'il peut ou doit faire, des écueils, des dangers qu'il doit éviter. Il en est de même pour le peuple dans les premiers temps de sa liberté, il est audacieux, entreprenant, mais peu à peu, lorsqu'il se sera brûlé les ailes, il deviendra plus sage, plus pondéré, et ces droits, qui de nos jours font l'épouvantail des hommes d'un âge mûr habitués à avoir une vague terreur de la plèbe, du nombre, apparaîtront dans quelques années à nos neveux comme naturels et indiscutables.

Le paragraphe 2 de l'article 5 oblige les unions à donner les noms des syndicats qui les composent. Avec ce paragraphe, l'Etat exerce facilement son contrôle, grâce aux précautions édictées dans l'article 4 sur la publicité des statuts. Tous les syndicats faisant partie d'une union doivent être reconnus par la loi; ils se sont soumis lors de leur création à toutes les formalités, il n'y avait donc pas lieu de les empêcher de se réunir. Ce qu'on leur permettait de faire individuellement, ce qu'on reconnaissait licite pour chacun d'eux ne pouvait faire l'objet d'une prohibition quand, poursuivant le même but licite et autorisé, ils se réunissaient à plusieurs.

Encore et toujours la loi de 1884 est limitative aux intérêts commerciaux et industriels, les syndicats unis ne peuvent s'occuper que de ces questions ou ils encourent leur dissolution ; l'union des syndicats rentre donc dans l'esprit de la loi, et nous verrons que l'article 6 prévoit la création des caisses de retraites, de secours mutuels; or, pour que ces institutions soient vraiment utiles, il est certainement nécessaire que plusieurs syndicats, représentant des industries différentes, concourent à leur formation. En effet, supposons un chômage général et forcé dans une industrie quelconque : qui viendra alimenter la caisse de secours si cette union n'a pour adhérents que les seuls syndicats de cette industrie en détresse? Ces considérations militent en faveur de l'article 5 et si, comme je l'ai montré tout à l'heure, il présente, à un certain point de vue, un danger, de l'autre, il procure de grands avantages.

Qu'a voulu le législateur de 1884 : que des citoyens unis entre eux par un lien légal pussent utilement se venir en aide; le but est noble et il eût été malheureux que, cédant à des craintes basées sur des préjugés qui disparaîtront peu à peu, il sacrifiât la partie la plus féconde de son œuvre.

Le peuple a franchi les barrières qui le retenaient sous la dépendance des classes dirigeantes, la résistance de leur part est impossible, elles ont un autre rôle à jouer : celui de prendre la tête du mouvement et d'imposer, par leur conduite large et libérale, leur raison d'être; qu'elles montrent leur supériorité, que, dégagées des errements, des préjugés usés et de la routine invétérée, elles continuent l'évolution sociale commencée par la Révolution et qui, chaque jour, s'affirme de plus en plus.

Article 6.

Les syndicats professionnels de patrons ou d'ouvriers auront le droit d'ester en justice ; ils pour-

ront employer les sommes provenant des cotisations.

Toutefois ils ne pourront acquérir d'autres immeubles que ceux qui seront nécessaires à leurs réunions, à leurs bibliothèques et à des cours d'instruction professionnelle.

Ils pourront, sans autorisation, mais en se conformant à la loi, constituer entre les membres des caisses spéciales de secours mutuels et de retraite.

Cet article a une importance capitale ; il confère aux syndicats la personnalité civile, droit d'ester en justice, droit de disposer de sommes d'argent, droit d'acquérir des immeubles, mais dans la limite de leurs besoins. C'est une personnalité civile restreinte, mais suffisante pour le but qu'on se proposait ; nous étudierons tout à l'heure cet article au point de vue agricole, voyons-le d'abord par rapport aux syndicats professionnels d'ouvriers et de patrons.

Cette faculté d'ester en justice et d'acquérir découlait naturellement de l'esprit de la loi. Vous accordez aux ouvriers le droit de réunion pour discuter, défendre leurs intérêts ; il était naturel de leur donner la faculté de porter l'affaire devant les tribunaux, d'ester en justice. Dans ces temps derniers, en 1893, cette faculté a évité une grève que tout le monde aurait déplorée : le syndicat des conducteurs et cochers d'omnibus se plaignait que les conditions de l'accord intervenu entre la Compagnie des omnibus et ses employés, à la suite de la grève de 1892, n'étaient point respectées par la Compagnie. Le syndicat, pour éviter une grève qui aurait, comme l'année précédente, causé préjudice à toutes les personnes, qui, peu fortunées, ont les omnibus pour carrosse, en référa aux tribunaux, usant ainsi du droit d'ester en justice. La Compagnie dut se défendre et fut contrainte par le jugement à exécuter fidèlement les clauses de conciliation qu'elle avait acceptées en 1892 pour mettre fin à la grève.

Sans le droit d'ester en justice, la Compagnie reniant ses engagements, force eût été aux employés, au syndicat, de déclarer une nouvelle grève. Voilà un cas près de nous qui est pour moi le meilleur plaidoyer en faveur de cette première faculté de la personnalité civile accordée aux syndicats : ester en justice.

Je me bornerai à cet exemple, il me semble qu'après cette démonstration palpable, toute autre plus ou moins spécieuse serait fade et inutile.

La personnalité civile, en dehors du droit d'ester en justice, confère celui d'acquérir. Il eût été dangereux d'accorder aux syndicats ce droit en entier, et cependant, pour réaliser le programme de la loi de 1884, il fallait que les syndicats eussent des ressources pécuniaires. Donner le droit d'acquérir des immeubles sans restriction, c'était revenir bien loin en arrière : créer des biens de mainmorte, rétablir un état dans l'Etat ; le législateur ne l'a point voulu, et dans cet article, il limite les immeubles que pourront posséder les syndicats à ceux strictement nécessaires pour le bon fonctionnement des institutions qu'ils ont fondées. Cette restriction n'est nullement une entrave au développement d'un syndicat qui pourra toujours être autorisé à acquérir des immeubles proportionnellement à son importance.

La préoccupation du législateur se montre encore dans cet article bien clairement avec son programme d'instruction et de secours pécuniaires à donner à la classe ouvrière. Les immeubles que peut, que doit acquérir un syndicat, sont ceux nécessaires aux cours professionnels, aux bibliothèques ; n'est-ce point ce qu'il est de toute nécessité d'introduire dans nos syndicats agricoles ? n'est-ce point ce but que je préconise, l'instruction professionnelle et non point une instruction poussée trop loin ? La demi-instruction fait le malheur de nos populations rurales, c'est elle qui pousse nos fils de paysans à mépriser le travail de la terre et à aller chercher dans les villes des positions qu'ils ne trouvent que difficilement ou pas du tout. Partis pleins de cœur, pleins d'enthousiasme, après des luttes infinies, dans lesquelles ils dépensent en pure perte leur énergie, ils deviennent des ratés, et prennent en haine cette société qui, sous prétexte d'égalité, leur a inspiré des idées d'élévation, de grandeur, qui, sous prétexte d'éclairer les classes pauvres et laborieuses, ne leur a donné qu'une demi-instruction suffisante pour les rendre ambitieux et insuffisante pour les soutenir dans la vie.

Dans cette loi de 1884, se trouve l'embryon de tous les desiderata des esprits amis du progrès, et si on veut l'étudier de près, on peut trouver dans son application la réalisation, par l'initiative privée, de nombre d'institutions que bien des gens voudraient mettre à la charge de l'Etat.

La théorie de l'Etat, se substituant aux personnes, englobant tout sous sa direction, rencontre quelques partisans, mais le plus grand nombre y est opposé et croit que l'initiative privée est capable de bien plus grandes choses que l'initiative officielle. Il est certaines affaires qui, marchant admirablement lorsqu'elles sont gérées par les particuliers, tombent dans le gâchis lorsque l'administration s'en mêle.

La question des retraites pour les ouvriers est à l'ordre du jour ; on réclame une loi ; l'Etat veut s'immiscer dans les affaires des patrons et des ouvriers alors que, dans la loi de 1884, par le fonctionnement simultané des syndicats de patrons et d'ouvriers, il est bien facile d'arriver à la création de ces caisses de retraite, de caisses de secours, et ce ne sera point une innovation. Les *trade's unions* d'Angleterre, depuis longtemps déjà, ont atteint ce but et démontré les ressources pécuniaires, la richesse que, pour le bien de tous, avec une organisation sagement entendue, pouvaient acquérir les syndicats.

Je citerai, à ce propos, le livre de M. Reinaud, à qui j'ai déjà emprunté beaucoup dans cet ouvrage: « Les *trade's unions* sont avant tout des associations de résistance ; mais la plupart d'entre elles, uniquement fondées en vue des grèves, n'ont pas tardé à employer leurs épargnes en secours et en pensions. Il ressort des discours prononcés en 1883 au Congrès des *trade's unions* à Nottingham que, dans les six années de 1876 à 1881, sept des plus importantes associations ont dépensé plus de 50 millions en secours de toute sorte, etc., etc.

» La caisse des trade's unions est alimentée par les droits d'entrés, les versements hebdomadaires, les amendes, etc., en échange desquels les sociétaires ont droit à une indemnité en cas de chômage, de grève, de maladie, d'accidents, de perte des outils, aux frais d'enterrement et quelquefois aussi à une pensionde retraite. »

Cette organisation ne peut-elle être celle des syndicats français? A coup sûr, la faculté accordée par la loi de disposer des cotisations, c'est-à-dire de former une caisse, la faculté de posséder et d'administrer des biens meubles et, jusqu'à une certaine limite, des immeubles leur permet d'atteindre le même but que les *trade's unions* d'Angleterre.

Comme je le faisais remarquer tout à l'heure, ne trouvons-nous pas dans cette organisation la lettre même de la loi sur les retraites qui a été proposée, et le gouvernement, favorisant l'extension dans les syndicats des caisses de retraite et de secours, ne parviendrait-il pas plus heureusement qu'en s'en chargeant lui-même à assurer à la vieillesse des travailleurs des secours que l'humanité réclame ?

L'État imposant des sacrifices aux patrons, exigeant une retenue des ouvriers, fera acte d'arbitraire, et ses ennemis ne manqueront point, malgré l'intention louable qui a inspiré les auteurs du projet de loi, de trouver des arguments contre la loi et d'en flétrir les promoteurs. Les syndicats peuvent arriver au même résultat par entente entre ouvriers et patrons; cette entente se fera à l'amiable, et dans le cas où l'accord ne pourrait s'établir de suite, patrons et ouvriers sont suffisamment armés avec la loi de 1884 pour lutter à armes égales et arriver à une solution.

La question de la réglementation des salaires, combinée avec la participation ouvrière réclamée depuis si longtemps, pourra être réglée aussi par l'extension des syndicats. L'antagonisme du travail et du capital peut cesser même, lorsque le temps ayant passé sur l'œuvre de la loi de 1884, les esprits se seront assagis, et que les hommes unis en syndicats auront eu conscience de leur force. Quel exemple ne nous donnent donc point ces ouvriers des mines anglaises qui se mettent en grève, non point pour tâcher d'exploiter à leur profit les compagnies houillères qui les emploient, mais bien au contraire pour permettre à celles-ci d'écouler leurs stocks, de réglementer la production, de manière à ne point abaisser à des taux inférieurs le prix du charbon, ce qui mettrait les compagnies dans la nécessité de baisser les salaires.

Cette grève d'un nouveau genre nous indique ce que, par la suite, pourra donner la loi de 1884.

Les syndicats agricoles eux aussi peuvent tirer parti de cette faculté de créer des caisses de secours. Ne voyons-nous pas chaque année, dans une partie quelconque de la France, des fléaux venant s'abattre sur la classe agricole? Là, c'est la grêle qui détruit les moissons, là, ce sont des inondations, là, la gelée, là, une épidémie qui atteint les bestiaux, et en dehors de ces calamités générales, combien de vieillards, d'infirmes, de malades que les bureaux de bienfaisance, les institutions de charité ne parviennent point à aider, à soutenir. Si la misère est grande dans la classe ouvrière des villes, elle ne l'est pas moins parmi les petits, les humbles de la campagne.

Les syndicats pourront pour aider au soulagement de toutes ces misères, constituer des caisses de secours mutuels, mais en se conformant à la loi, c'est-à-dire que soit la loi du 15 juillet 1850, soit le décret du 26 mars 1852 leurs sont applicables. Ils ne sont dispensés que de la demande d'autorisation.

Les sociétés de secours mutuels sont divisées en trois catégories :

1° Sociétés reconnues comme établissement d'utilité publique ;

2° Sociétés approuvées par arrêté préfectoral ;

3° Sociétés libres.

Dans quelle catégorie placerons-nous les fondations de ce genre émanant d'un syndicat?

Il ne peut être question de les placer parmi les sociétés reconnues comme établissement d'utilité publique, car les syndicats fondateurs obtiendraient *ipso facto* une personnalité civile beaucoup plus étendue que celle que leur accorde la loi de 1884 ; ce serait ainsi un moyen de tourner cette loi dont profiteraient certainement de vastes associations qui, se servant tour à tour des deux lois, obtiendraient par l'une d'éluder les prohibitions édictées par l'autre.

Les sociétés de secours mutuels fondées par les syndicats rentreront dans la catégorie des sociétés de ce genre approuvées par arrêté préfectoral.

C'est ainsi que l'a entendu la circulaire ministérielle du 25 août 1884 : « Il demeure évident que ceux qui voudraient bénéficier des avantages réservés aux sociétés de secours mutuels approuvées et reconnues devraient se pourvoir conformément aux lois spéciales sur la matière », etc., etc. — Cette interprétation, qui d'ailleurs découle naturellement de l'examen des travaux préparatoires de la loi, est certainement la meilleure ; car accorder aux syndicats le droit de former sans autorisation des sociétés de secours mutuels en les rangeant dans la catégorie des sociétés libres, c'eût été leur concéder un droit absolument illusoire, sans faveur spéciale ; or tel n'est point l'esprit de cette loi libérale qui, rompant avec le passé, donne aux syndicats la liberté la plus grande pour profiter de tous les avantages, pour établir toutes les fondations que peut engendrer l'association basée sur la justice et la communauté d'intérêts.

Pour les caisses de retraite les syndicats devront se conformer au décret du 26 avril 1856.

Les syndicats agricoles profiteront-ils de la faculté que leur accorde ce paragraphe de l'article 6 ? il est permis d'en douter, du moins pour le moment ; mais nous sommes de ceux qui croyons à l'avenir de ces sociétés éminemment humanitaires, et l'association maintenant permise n'aura produit tous ses fruits que le jour où son action bienfaisante s'étendra sur ceux qui souffrent ou que la vieillesse empêche de gagner leur vie.

Ils pourront librement créer et administrer des offices de renseignements pour les offres et demandes de travail . . . .

La loi autorise les syndicats à former des offices de renseignements pour les demandes et offres de travail. Ils échappent ainsi à la loi de 1865 sur les bureaux de placement.

Que n'a-t-on dit sur les bureaux de placements. Cette autorisation donnée aux syndicats les fera certainement disparaître, et, je crois pouvoir le dire, leur disparition ne sera regrettée par personne; car c'est une illusion de croire que le patron d'un de ces bureaux s'occupe sérieusement de la moralité, de la conduite de l'individu qu'il place. Du moment qu'il paye sa commission au placeur, ce dernier le recommande sans se soucier d'autre chose que de gagner la commission stipulée.

Avec les syndicats s'occupant du placement de ses adhérents, obtiendrons-nous à cet égard une grande amélioration ? Peut-être, car l'individu membre d'un syndicat, y est connu, et les renseignements que l'on pourra avoir sur son compte seront plus complets.

Dans tous les articles de la loi que nous venons d'étudier, nous n'avons point vu réglementer ni même indiquer une des conséquences que les syndicats agricoles ont tirées de la loi de 1884. Je veux parler de l'achat d'engrais, d'instruments et, en général, de toutes les choses utiles à la culture fait par les syndicats, pour le compte de leurs adhérents. Quelle est la situation du syndicat, et vis-à-vis de ses adhérents, et vis-à-vis des fournisseurs ? Est-il mandataire, commissionnaire ou commerçant? Dans ces cas, ne devient-il point une société civile, et par conséquent soumis aux règles des sociétés civiles ?

Examinons comment les choses se passent :

Le président du syndicat s'abouche avec des commerçants. marchands d'engrais ou autres produits et débat avec eux des prix pour une période detemps. La quantité considérable de matière à fournir fait profiter le syndicat de prix réduits avantageux, puis quand ces prix ont été arrêtés, il en donne communication aux membres du syndicat, en les invitant à lui transmettre leur commande. Lorsque la marchandise est arrivée, le destinataire paye entre les mains du syndicat.

Le commerçant ne connaît donc que le syndicat qui lui seul est son débiteur, le syndicat a acheté pour son compte, peu importe que la livraison ait eu lieu au profit d'une autre personne que le syndicat a désignée au commerçant, c'est bien le syndicat qui est acheteur, c'est bien de lui que le commerçant recevra l'argent, il se trouve donc dans la situation d'un commerçant vis-à-vis d'un autre commerçant. La loi autorise-t-elle cette opération, et le syndicat en la faisant devient-il société civile ou commerciale ?

L'article 6, déclarant que le syndicat peut employer les sommes provenant des cotisations, permet par là même une gestion de fonds, l'autorise à avoir une caisse et, par conséquent, à administrer les biens ; l'opération à laquelle se livre le syndicat est donc, à mon avis, parfaitement licite et ne peut l'astreindre aux règles de la société. Mais, dira-t-on, dans ce cas le syndicat est commerçant, il doit payer patente ou, sans quoi, il peut faire une concurrence désastreuse pour le commerce. L'objection est assez fondée ; mais l'intérêt général doit toujours primer l'intérêt particulier. L'esprit de la loi de 1884 est justement de favoriser le plus grand nombre, de supprimer autant que possible l'intermédiaire. Le syndicat ne fait aucun bénéfice sur ces achats, c'est là le point essentiel à établir, et il fait profiter le petit particulier, le petit cultivateur du prix du gros que, sans lui, il ne pourrait point obtenir. Il réunit les commandes d'un certain nombre de petits cultivateurs d'une même localité pour faire une grosse commande unique, et chacun de ces petits cultivateurs profite ainsi du prix du gros.

En dehors de la loi de 1834 qui, donnant une existence propre à l'institution du syndicat, ne permet point de le confondre et de l'assimiler aux sociétés civiles, nous trouvons dans le Code civil, lui-même, des arguments pour combattre cette thèse.

L'article 1832 qui définit le contrat de société est explicite :

« La société est un contrat par lequel plusieurs « personnes conviennent de mettre quelque chose « en commun dans la vue de partager le bénéfice « qui pourra en résulter. »

Or, il est bien entendu et bien convenu que le syndicat ne tire aucun bénéfice des achats qu'il fait.

Le syndicat est une société dans le sens le plus large du mot, et non dans l'acception étroite que lui donne l'article 1832. Le mot « société » dans l'article du Code civil n'est pris que dans le sens d'un contrat passé entre plusieurs personnes pour exploiter à leur profit une industrie quelconque en retour des avantages pécuniaires, tandis que le mot « société » peut comprendre toute espèce d'association, toute communion de choses matérielles et intellectuelles, toute participation à des intérêts, à des affections, à des plaisirs mis en commun.

Tous les jurisconsultes sont d'accord sur ce point et ont bien soin de mettre en évidence cette idée fondamentale et notoire, à savoir que la société, dans l'acception de l'article 1832, a pour but de procurer des bénéfices. (Troplong, n° 8, page 37.) Là où il n'y a pas de bénéfice, il n'y a pas de société : le syndicat, agissant sans bénéfice, ne peut être considéré, malgré les opérations auxquelles il se livre, comme société.

Je ne veux point entrer ici dans le commentaire des articles 1832-1833. Il me suffira de résumer ce que les jurisconsultes ont reconnu : 1° Le quelque chose à mettre en commun doit être (article 1833) argent ou autres biens ou industrie ; 2° Le bénéfice pouvant en résulter doit être un bénéfice pécuniaire ; 3° Un contrat doit avoir une durée spécifiée, les associés ne peuvent se retirer d'un moment à l'autre.

Rien de semblable dans les syndicats : les adhérents n'apportent qu'une cotisation, les opérations, n'importe lesquelles, que fait le syndicat ne lui rapportent aucun bénéfice pécuniaire. L'article 9 de la loi de 1884, qui permet à tout adhérent de se retirer à tout moment de la société, est contraire à l'idée de durée d'un contrat de société.

Le syndicat agricole étant une association de cultivateurs, toutes ses opérations auront pour objet des causes agricoles et, par conséquent, l'idée d'en vouloir faire une société commerciale est tout d'abord écartée, il n'y avait que la société civile à laquelle on aurait pu, jusqu'à un certain point, prétendre l'assimiler.

Le syndicat ne joue, dans ses opérations, que le rôle de mandataire. Il ne retire aucun bénéfice de la transaction qu'il a favorisée, et c'est là le caractère spécial du mandat : la gratuité.

On ne peut donc, en aucune façon, malgré les apparences et pour satisfaire les rancunes du commerce, lui attribuer une autre qualité.

Avec la personnalité civile que lui a conférée la loi, il a pu contracter valablement pour des tiers.

De ce que le syndicat ne retire aucun bénéfice des opérations qu'il fait pour le compte de ses adhérents, nous pouvons trouver quelle est sa véritable situation vis-à-vis des commerçants avec lesquels il traite : il est mandataire purement et simplement et soumis, par conséquent, à toutes les règles du mandat.

Ce rôle de simple mandataire est-il suffisant pour faciliter à la culture le crédit dont elle a besoin? Non, certes, et c'est là une lacune que tout le monde est désireux de combler.

Les achats que fait le syndicat pour le compte de ses adhérents sont payables le plus souvent à 30 ou 90 jours ; les traites sont tirées directement sur le syndicat sans que le véritable acheteur paraisse. Mais ce crédit de 30 ou 90 jours est insuffisant pour le cultivateur qui, achetant graines, engrais, outils, instruments aratoires en vue de la récolte prochaine, ne sera en mesure de payer que lorsque cette récolte sera faite.

C'est ce que je disais plus haut : Le petit cultivateur qui n'a pas d'argent devant lui ne peut bénéficier des achats faits par le syndicat ; force lui est de s'adresser à un commerçant qui, connaissant sa solvabilité, lui fera crédit jusqu'à la récolte prochaine. Comment arriver à permettre au syndicat d'ouvrir ce crédit absolument nécessaire au petit cultivateur. C'est ce que nous allons étudier.

Tout d'abord, sur quoi baser ce crédit? Quelles seront les garanties offertes?

L'article 2102 du Code civil, dans son premier paragraphe, s'exprime ainsi : « Néanmoins, les « sommes dues pour les semences ou *pour les* « *frais de sa récolte de l'année* sont payées sur le « prix de la récolte, et celles dues pour ustensiles, « sur le prix de ces ustensiles, par préférence au « propriétaire, dans l'un et l'autre cas. »

Les frais de la récolte de l'année, toute espèce de frais, les engrais, la main-d'œuvre, en un mot, frais de la récolte, est une expression qui peut embrasser tous les achats, de quelque nature qu'ils soient, faits en vue de la récolte à venir.

Il en est de même des *ustensiles,* machines agricoles, que le syndicat aurait pu faire livrer à un de ses adhérents ; si le prix n'en n'a pas été payé, le syndicat vendeur a privilège sur ce meuble, et par préférence au propriétaire.

Cet article 2102 constitue, à mon avis, une garantie considérable aux syndicats, et j'ajouterai même que le plus souvent la garantie commerciale est bien moins sûre.

Le syndicat connaît bien son adhérent à qui il a

livré une marchandise quelconque ; il est à même de se renseigner sur ses ressources, sur sa solvabilité. Le grand inconvénient de l'application de l'article est que l'action du syndicat contre son adhérent en cas de non paiement devra être intentée devant le tribunal civil avec les malheureuses lenteurs afférentes à cette juridiction.

En dehors de la garantie donnée au syndicat par l'article 2102, il est encore d'autres garanties que le cultivateur peut lui donner.

C'est, par exemple, dans le cas de vente d'engrais par le syndicat pour une récolte quelconque, une vente consentie de cette récolte pour garantie de la somme due pour les engrais. Le propriétaire ne peut s'opposer à cette vente, le syndicat venant avant lui, en vertu de l'article 2102, pour le paiement des frais faits en vue de la récolte.

Telles sont les garanties dont peut s'entourer le syndicat vis-à-vis des cultivateurs dont il est le créancier.

Vis-à-vis du marchand avec lequel il a traité, en dehors de ces garanties, le syndicat par lui-même possède des fonds provenant des cotisations de ses membres, des dons qu'il peut recevoir; sa solvabilité est donc établie sur des bases solides qui peuvent, par certains moyens, le mettre à même d'ouvrir des crédits à ses adhérents.

Ce serait une illusion de croire que déjà, depuis longtemps, le crédit agricole n'existe pas. Tout cultivateur, notoirement connu pour sa solvabilité, peut facilement escompter dans les banques son papier, et la Banque de France accepte couramment ce papier. En veut-on un exemple :

Primus vend à Secundus 100 hectolitres de blé, payables à 3 mois. Primus ayant besoin d'argent de suite tire sur Secundus, qui accepte l'effet. Un banquier quelconque connaissant la solvabilité de Primus lui escompte la valeur qui, munie de trois signatures exigées, est parfaitement acceptée par la Banque.

Que Primus et Secundus soient de simples cultivateurs, non commerçants, le banquier escompteur qui fournit la troisième signature pour la Banque n'en a cure.

Le défaut de payement à l'échance du billet rend le tireur, le tiré qui a accepté justiciables des tribunaux de commerce.

En effet, il n'y a pas que les commerçants qui soient soumis à la juridiction commerciale, un individu non commerçant peut faire un acte de commerce, et cet acte le rend justiciable des tribunaux de commerce. L'article 632 du Code de commerce, énumérant les actes que la loi répute commerciaux, comprend dans cette énumération toutes obligations entre négociants, marchands et banquiers, entre toutes personnes, les lettres de change ou remises d'argent de place à place, donc dans l'exemple que j'ai énoncé plus haut, Primus non commerçant tirant sur Secundus non négociant a pourtant fait un acte de commerce et est, par conséquent, justiciable des tribunaux de commerce.

Pour qu'une semblable opération ait lieu, il faut que la solvabilité des parties contractantes soit connue des banquiers à qui on voudra escompter l'effet, par conséquent, cette facilité ne pourra et ne peut être donnée qu'à ceux dont la position de fortune, le crédit soit notoirement établis dans la contrée ; mais le petit cultivateur, le fermier, qui lui aussi aurait besoin de ce crédit, se verra refuser son papier,

C'est dans ce cas qu'on peut faire entrer en ligne de compte le syndicat.

Par la position de son siège social au milieu de la population parmi laquelle il recrute des adhérents, il est à même de bien connaître leur position de fortune, le crédit qu'on peut leur faire; protégé par l'article 2102 ou par une garantie quelconque comme celle que je signalais plus haut, il peut en donnant son aval sur la lettre de change ou en l'endossant confirmer la solvabilité du cultivateur.

Ainsi Primus, cultivateur, faisant une demande d'engrais au syndicat qui, lui, a traité avec Secundus, marchand d'engrais, le syndicat pourra tirer une lettre de change ainsi conçue :

« Paris, 1er avril 1892.

» Au premier juin prochain, payez à l'ordre de

» Secundus, marchand d'engrais, la somme de.....
» que passerez au débit de Primus, signé : Syn-
» dicat à M. Tertius, banquier. »

Pour la lettre de change, qui constitue par elle-un acte de commerce, le tribunal de commerce est compétent, et le cultivateur non commerçant cependant qui en est le signataire est justiciable de la juridiction commerciale.

Pour le billet à ordre qui n'exige que le concours de deux personnes, il suffit qu'un des signataires soit commerçant pour entraîner la compétence du tribunal de commerce, non seulement vis-à-vis du commerçant, mais encore vis-à-vis de toute personne ayant signé le billet.

Dans les affaires agricoles, ce sera ce qui arrivera le plus souvent et, par conséquent, compétence de la juridiction commerciale.

Le syndicat peut encore ici jouer son rôle protecteur soit comme endosseur, soit comme donneur d'aval.

Ces lettres de change ou ces billets à ordre peuvent être faits payables à six mois, même un an par renouvellements successifs, temps absolument suffisant pour permettre au cultivateur de réaliser les sommes nécessaires au payement.

Dans les cas que je viens d'énoncer, le syndicat ne joue absolument que le rôle de garant; son rôle se borne à garantir vis-à-vis des tiers la solvabilité d'un ou plusieurs de ses adhérents.

Ne pourrait-il point jouer un autre rôle présentant, outre cette facilité de circulation de valeurs, accorder du crédit à des conditions moins onéreuses que celles que font les banquiers auxquels il faut nécessairement s'adresser pour l'escompte de ces billets?... Le syndicat ne pourrait-il point être lui-même le banquier? Les trois signatures exigées par la banque seraient tireur, tiré et syndicat.

Partant de ce principe que le syndicat n'est, en résumé, qu'une association mutuelle, les membres d'un syndicat, en déposant les fonds qu'ils ont de disponibles entre ses mains, constitueraient un capital, un fond de roulement qui permettrait de supprimer le banquier escompteur.

En réalité, quel rôle joue, dans les trois signatures exigées par la Banque de France, le banquier qui a escompté l'effet? Simplement celui de garant de la solvabilité des signataires du billet.

Or, le syndicat, comme nous venons de le voir, est plus à même que tout banquier de connaître cette solvabilité de ses membres, la Banque de France n'aurait donc nulle raison de ne point admettre cette signature du syndicat comme garantie suffisante, puisque en dehors de la connaissance de l'état de fortune de ses adhérents, il est armé de l'article 2102 et d'autres combinaisons qu'il est à même de faire pour avoir un gage mettant à couvert sa garantie.

Nul doute que le jour où, dans nos campagnes, on se sera persuadé de la solidité du crédit des syndicats, que les capitaux n'affluent. Voyez ce qui s'est passé partout : les notaires, donnant 3 0/0 de l'argent qu'on leur déposait, ont vu les capitaux arriver en masse chez eux. Beaucoup ont abusé de ce dépôt, et maintenant le villageois est devenu circonspect et garde son argent chez lui. Que le syndicat lui donne 3 0/0 de cet argent et qu'il lui démontre la sûreté de ce placement, il viendra apporter son argent et, de ce jour, le crédit agricole fonctionnera pour le plus grand profit de tous.

Dans ce court exposé, je me suis attaché à me servir des lois existantes et je crois avoir démontré que, sans rien innover, on peut faire fonctionner le crédit agricole. Une seule chose est à désirer, c'est que la Banque de France consente à admettre la signature du syndicat comme troisième signature et l'escompte du papier agricole.

Quant à vouloir assimiler le syndicat à une société commerciale, je n'en vois nullement l'utilité ; tel qu'il est organisé par la loi de 1884, toutes les opérations que je viens d'indiquer lui sont permises ; l'idée de société commerciale implique nécessairement l'idée d'un commerce quelconque donnant nécessairement un bénéfice, ce que ne peut et ne doit pas faire le syndicat. En donnant à ceux qui déposeront leurs fonds dans sa caisse un intérêt de 3 0/0, comme, pour les sommes qu'il devrait avancer, il demanderait également 3 0/0, il ne lui resterait rien comme bénéfice.

En dehors néanmoins de l'intérêt de 3 0/0 qu'il demanderait comme escompte de billets, une retenue basée sur les frais de bureau devrait être également réclamée, mais cette retenue ne lui procurerait aucun bénéfice.

L'avantage que retireront les cultivateurs de ce capital formé dans les caisses du syndicat serait très appréciable. En effet, dans tous les achats, quand on peut payer comptant, le commerce fait un escompte de 1 ou 2 0/0; le cultivateur ne payant que 3 0/0 plus une retenue insignifiante pour l'argent avancé par le syndicat arriverait à bénéficier de l'escompte du marchand sur les marchandises fournies. Exemple : Primus achète pour 100 francs d'engrais au syndicat; le syndicat payant comptant au marchand bénéficie de 2 0/0 d'escompte, il ne paye que 98 fr. et ne fera payer que 98 fr. à Primus qui, lui, ne payera l'intérêt que de 98 fr. à 3 0/0, plus une commission qui peut être, par exemple, de 1 0/0. En réalité, Primus aura eu 100 fr. d'engrais et n'aura payé pour l'avance du syndicat que 2 0/0. Quel est le banquier qui en pourrait faire autant ?

Ainsi que nous l'avons dit, quand, dans un billet à ordre ou une lettre de change, un des signataires sera commerçant, dans le cas de non-payement, l'affaire sera portée devant la juridiction commerciale et nous éviterons ainsi les lenteurs de la procédure civile. Mais quand les deux signataires seront simplement des cultivateurs et que l'escompteur sera le syndicat, aucun des signataires ne sera commerçant, d'où, en cas de non-payement, l'affaire sera portée devant les tribunaux civils, c'est là une chose regrettable et qu'il conviendrait de modifier.

La loi des syndicats déroge en leur faveur à plusieurs lois fondamentales, entre autres celle des sociétés ; l'utilité du crédit à fournir aux syndicataires est essentielle si cette loi veut favoriser le plus grand nombre. Il faudrait donc encore déroger à d'autres lois.

De même que, sans astreindre les syndicats aux obligations des sociétés civiles ou commerciales, vous leur acccordez certaines prérogatives, telles que la faculté d'acquérir, d'administrer des biens, il faut entrer plus avant dans les concessions et déclarer que la signature d'un syndicat donnée en aval, en endossement sur un billet à ordre ou une lettre de change souscrits par des individus non commerçants, confèrera cependant la commerciabilité à l'effet souscrit et rendra les signataires non commerçants passibles des tribunaux de commerce.

En Ecosse, les syndicats ou plutôt les *trade's unions* agricoles fonctionnent ainsi ; chaque cultivateur a son compte courant et toutes les négociations se font par échange de papiers.

L'article 2102 confère au propriétaire vis-à-vis de son fermier un droit, selon moi, excessif et qui n'est plus en rapport avec la situation actuelle de la culture. Tout le mobilier, tant bestiaux qu'instruments aratoires, en un mot tous les meubles garnissant la ferme, lui sont concédés en garantie de son loyer.

Les tribunaux ont d'ailleurs admis une jurisprudence moins sévère et n'appliquent pas l'article 2102 dans toute son étendue. En effet, l'esprit de cet article est de garantir au propriétaire le payement de tous les loyers échus et à échoir. C'est-à-dire que (supposons un bail de neuf ans) si le propriétaire est contraint de saisir son fermier au bout de la deuxième année, d'après les clauses insérées dans le bail conformément aux coutumes admises, il devrait recevoir ses neuf années de loyer et l'article 2102 lui donne privilège pour ce payement ; mais les tribunaux sensés, quand une affaire de ce genre est portée devant eux, n'accordent au propriétaire que l'année en cours et une année d'indemnité, mais les meubles du fermier sont vendus, le propriétaire touche une moindre partie de sa créance, le fermier abandonne la ferme, perdant ainsi les bénéfices des dépenses qu'il a faites pendant sa courte jouissance en vue de profits à réaliser pendant les dernières années du bail, tandis que, s'il avait pu emprunter sur son mobilier ou du moins sur une partie de ce mobilier qui n'eût pas été le gage du propriétaire, il aurait pu, grâce à cet argent, et payer son propriétaire et continuer de tenir sa ferme.

A notre époque où le matériel de culture s'est considérablement augmenté, il n'est pas rare de voir un fermier, possédant un matériel représentant une somme bien plus considérable que la valeur de plusieurs années de loyer, ne pouvoir rien distraire de ce mobilier pour le donner en gage et se procurer l'argent dont il a besoin pour sa récolte, à cause de cette garantie concédée au propriétaire. Il y a là, il me semble, quelque chose des anciennes coutumes tenant le cultivateur à l'état de servage, et une modification s'impose. Non point que nous désirions voir le propriétaire foncier absolument dépourvu de garantie vis-à-vis de son fermier ; mais il serait bon de réduire cette garantie et que, dans les baux, il fût spécifié que telle ou telle partie du matériel est spécialement affectée à la garantie du loyer, par exemple, d'une ou deux années ; le reste du mobilier du fermier serait, par conséquent, libre et il lui serait possible, pour se procurer du crédit, de le donner en gage et constituer une sorte de warrant agricole dont la seule différence avec le warrant commercial serait que la chose warrantie resterait entre les mains du débiteur.

Résumons en peu de mots ce que nous venons de dire au sujet du crédit des campagnes et du rôle que nous voudrions voir jouer au syndicat.

Ressources...	Cotisations. Dons volontaires. Dépôts. Subventions de l'Etat. Droits perçus pour achat et vente de denrées ou demande d'emplois.
Garanties qu'il peut avoir.......	Article 2102 et qui pourrait, en étant modifié, permettre aux syndicataires d'affecter partie de leur mobilier à la garantie des sommes avancées par le syndicat.
Rôle du syndicat dans les lettres de change ou billets à ordre...	Endosseur. Donneur d'aval. Escompteur au même titre que le banquier qui, comme troisième signataire, n'est, vis-à-vis de la Banque, que le garant de la solvabilité des signataires du billet.

Ils pourront être consultés sur tous les différends et toutes les questions se rattachant à leur spécialité.

Dans les affaires contentieuses, les avis du syndicat seront tenus à la disposition des parties qui pourront en prendre connaissance.

Dans cet article le législateur a employé des

expressions très claires et qui cependant ont donné lieu à une controverse qu'a fait cesser la circulaire de M. le Garde des Sceaux du 7 juillet 1885.

Le tribunal de commerce de la Seine s'était demandé si, en vertu de cet article 6, il ne lui était point permis de renvoyer certaines affaires devant les chambres syndicales qui, alors, auraient joué le rôle d'arbitres rapporteurs. Rien dans cet article ne semblait pourtant autoriser cette prétention.

Tout d'abord, les mots employés dans l'article s'opposent à cette interprétation. La chambre syndicale peut bien donner *des avis*, il est loisible au Tribunal de commerce *de les consulter ;* mais, ces avis donnés, cette consultation, ne peuvent être considérés comme le rapport d'un arbitre ou d'un expert, car, la nomination d'arbitres ou d'experts est soumise à des conditions que ne peut remplir une personne morale : prestation de serment, récusation, etc.

Il est vrai de dire que, dans la pratique, le Tribunal de commerce devant statuer sans être lié par l'avis des arbitres rapporteurs (article 429, Code proc. civ.), l'avis ou la consultation donnée par une chambre syndicale aura autant d'influence sur l'esprit du tribunal que le rapport d'un arbitre.

L'article 1003 et suivants du Code de procédure civile autorise toutes personnes, en se conformant aux prescriptions à peine de nullité de l'article 1006 du même Code, à faire un compromis par lequel elles conviennent de soumettre leur contestation au jugement d'un ou plusieurs arbitres.

De ce que nous venons de dire résulte que les parties ne pourront désigner leur chambre syndicale comme arbitre.

D'ailleurs, la circulaire du 7 juillet adressée par M. le Garde des Sceaux au Comité central des chambres syndicales fait cesser toute équivoque.

« Monsieur le président,

» Vous avez bien voulu me présenter, au nom du Comité central des chambres syndicales, quelques observations relatives à l'application de l'article 6 de la loi du 21 mars 1884, en ce qui concerne l'étendue des pouvoirs qui peuvent être confiés aux chambres syndicales pour le règlement des litiges portés devant les tribunaux.

» A l'occasion des demandes analogues qui lui ont été soumises depuis la promulgation de la loi, mon département a dû se préoccuper de cette question, et il a été reconnu que l'article 429 du Code de procédure civile est toujours en vigueur. Les discussions qui ont eu lieu devant les Chambres, et spécialement au Sénat (séances du 12 juillet et du 1er août 1882), sont précises et ne laissent aucun doute sur la portée des §§ 6 et 7 de l'art. 6 de la loi.

» A la séance du 1er août 1884, M. Marcel Barthe,

rapporteur, s'exprimait ainsi, au sujet d'une modification qu'il acceptait, à un amendement de M. Bozerian : « Il en est résulté, disait-il, une dis-
» position contraire aux termes de l'article 429 du
» Code de procédure civile, auquel nous n'avons
» pas entendu toucher. Les syndicats profession-
» nels ne peuvent pas avoir une juridiction propre ;
» on maintient le droit pour les tribunaux de pren-
» dre leur avis en tant que collectivité, mais c'est
» un simple avis. Si une juridiction veut donner à
» un syndicat un mandat plus explicite, mieux dé-
» fini, le Tribunal peut désigner des arbitres parmi
» les membres qui le composent, et alors un rap-
» port peut être déposé. Mais, dans ce cas, il faut
» que l'on se conforme aux dispositions de l'article
» 429 que nous entendons maintenir. » C'est sur ces observations que l'article a été voté. Elles ne laissent place à aucun doute.

» Ainsi, depuis la loi nouvelle, le renvoi d'une affaire devant une chambre syndicale désignée comme arbitre, ne peut être considéré comme légalement autorisé. Les chambres peuvent seulement être consultées sur les questions techniques soulevées dans les différends portés devant les tribunaux, et elles ont, a cette occasion, le droit d'émettre des avis. Leurs pouvoirs ne vont pas au-delà et elles ne peuvent, dans les affaires qui leur sont renvoyées par les tribunaux, faire acte de juridiction.

» Agréez, etc. »

Les tribunaux se sont conformés à cette lettre, et s'inspirant des paroles prononcées par le rapporteur de la loi au Sénat, M. Marcel Barthe, et relatées dans la lettre du Garde des Sceaux : « *Si une juridiction veut donner à un syndicat un mandat plus explicite, mieux défini, le Tribunal peut désigner des arbitres parmi les membres qui le composent et alors un rapport peut être déposé* ». Ils ont demandé aux présidents des syndicats de dresser une liste de quelques-uns de leurs membres pour les désigner comme arbitres dans les affaires concernant le genre d'industrie auquel appartiennent les membres du syndicat. Le Tribunal les nomme en se conformant à l'article 429 du Code de procédure.

Dans la pratique, cette liste peut facilement être composée par un vote des membres du syndicat choisissant parmi eux les personnes que leurs capacités leur désignent, et les plaideurs auront confiance dans le rapport de cet arbitre élu.

Cette solution est certainement la meilleure et, si elle était universellement et constamment adoptée, les plaideurs ne seraient point exposés comme cela arrive quelquefois, à voir un bijoutier nommé arbitre dans une affaire de Bourse et *vice versa* un banquier commis dans une affaire d'horlogerie. Ils seraient au moins sûrs d'avoir pour arbitre un homme connaissant leur métier.

L'arbitre, ainsi nommé, ne consultera-t-il point

le syndicat pour rédiger son rapport? Certes, il le fera peut-être et, dans ce cas, je ne vois pas en quoi la loi serait tournée. Par la prestation du serment, il est tenu d'agir suivant sa conscience, et, tout en consultant les membres du syndicat, il peut faire son rapport sans tenir compte de l'opinion de ses membres, et, en tous cas, cette consultation ne peut qu'éclairer sa religion.

Le juge n'est point tenu de juger dans le sens du rapport de l'arbitre, non plus que l'arbitre n'est forcé de faire son rapport en se conformant aux avis émis par le syndicat sur sa demande ou même *proprio motu*.

Dans le cas où l'avis d'un syndicat est demandé, soit par le Tribunal, soit par l'arbitre nommé, l'article spécifie bien que les parties pourront en prendre communication et copie. L'avocat peut trouver dans ces avis des arguments puissants à l'appui de la thèse qu'il soutient.

Article 7.

Tout membre d'un syndicat professionnel peut se retirer à tout instant de l'association, nonobstant toute clause contraire, mais sans préjudice du droit pour le syndicat de réclamer la cotisation de l'année courante.

Toute personne qui se retire d'un syndicat conserve le droit d'être membre des sociétés de secours mutuels et de pensions de retraite pour la vieillesse, à l'actif desquelles elle a contribué par des cotisations ou versements de fonds.

Cet article m'a servi d'argument pour démontrer qu'en aucun cas, le syndicat ne pouvait être considéré comme société civile, puisque cette disposition de la loi autorisant à tout moment la retraite d'un membre du syndicat est absolument contraire à l'esprit du contrat de société qui lie les associés entre eux pour un temps déterminé, pendant lequel ilsne peuvent se retirer.

Le 2e paragraphe de cet article est susceptible de soulever de nombreuses difficultés. Il autorise tout membre d'un syndicat à rester membre d'une des sociétés créées par ce syndicat, alors même qu'il n'en fait plus partie. Il me semble qu'il y a dans cette disposition de la loi, un peu d'arbitraire. Il suffira donc à quelqu'un de se faire inscrire dans un syndicat pendant une année, de payer la cotisation, puis se retirer pour pouvoir profiter à tout jamais des sociétés de secours mutuels et de pensions de retraite pour la vieillesse créées par ce syndicat au bénéfice de ses adhérents. Certes, il continuera à payer les cotisations de la société de secours mutuels ou de pensions de retraite dont il fait partie, mais cette cotisation ne vient nullement alimenter la caisse du syndicat organisateur de ces sociétés, il semblerait pourtant bien naturel que le syndicat profitât des fondations qu'il a pu faire.

Le syndicat tire ses principales ressources des cotisations de ses membres. Les fondations qu'il a pu faire, caisse de retraite, société de secours mutuels, peuvent être une cause pour le syndicat d'attirer des adhérents, et par là d'augmenter ses ressources. D'après ce dernier paragraphe de l'article 7, bien des personnes entreraient dans un syndicat uniquement pour avoir le droit de profiter des associations qu'il a fondées, puis cesseraient de faire partie du syndicat, tout en profitant néanmoins de ses avantages.

Peut-être y a-t-il dans cet article 7, un sujet à réflexion ?

Article 8.

Lorsque des biens auront été acquis contrairement aux dispositions de l'article 6, la nullité de l'acquisition ou de la libéralité pourra être demandée par le procureur de la République ou par les intéressés.

Dans le cas d'acquisition à titre onéreux, les immeubles seront vendus, et le prix en sera déposé à la caisse de l'association.

Dans le cas de libéralité, les biens feront retour aux déposants, ou à leurs héritiers ou ayants droit.

ARTICLE 9.

Les infractions aux dispositions des articles 2, 3, 4, 5, 6 de la présente loi, seront poursuivies contre les directeurs ou administrateurs des syndicats, et punis d'une amende de 16 à 200 francs.

Les tribunaux pourront, en outre, à la diligence du procureur de la République, prononcer la dissolution des syndicats et la nullité des acquisitions d'immeubles faites en violation des prescriptions de l'article 6.

En cas de fausse déclaration relative aux statuts et aux noms et aux qualités des administrateurs ou directeurs, l'amende pourra être portée à 500 francs.

Ces articles 8 et 9 sont la sanction pénale de l'infraction aux articles précédents. La loi se montre sévère, car la liberté d'association qu'elle accorde est grande; il a fallu un siècle presque pour la conquérir, et cette liberté ne peut être accordée qu'entourée de certaines formalités sagement édictées par le législateur, et qui empêchent cette loi libérale de devenir un instrument dangereux dans les mains de nombre d'hommes qui pourraient s'en servir pour nous conduire à l'anarchie.

Et ces deux articles s'inspirent de la crainte du législateur de voir se créer, à la faveur de cette loi, des biens de mainmorte et édictent la nullité des acquisitions et la dissolution du syndicat quand ces acquisitions ont été faites en violation de l'article 6.

Cet article 6 a une importance capitale, ainsi que nous l'avons vu précédemment, et la préoccupation du législateur de le voir appliquer dans toute sa rigueur, se retrouve dans les articles 7 et 9.

L'amende de 16 à 200 francs édictée pour infraction aux dispositions des articles 2, 3, 4, 5, 6 contre les administrateurs et directeurs peut être portée à 500 francs quand il s'agit de fausse déclation relative aux statuts et aux noms des administrateurs ou directeurs. C'est, en effet, la connaissance de ces statuts et des noms des administrateurs ou directeurs qui assure au gouvernement le contrôle nécessaire.

Article 10.

La présente loi est applicable à l'Algérie ; elle est également applicable aux colonies de la Martinique, de la Guadeloupe et de la Réunion. Toutefois, les travailleurs étrangers et engagés sous le nom d'immigrants ne pourront faire partie des syndicats.

Telle est la loi de 1884 ; elle a été attaquée ; ses détracteurs sont nombreux et cependant, à mon avis, elle peut être féconde en résultats de toute sorte et surtout au point de vue agricole ; certes, j'ai été entraîné parfois dans la discussion des articles à sortir un peu du cadre agricole que je m'étais tracé, mais que le lecteur me pardonne, j'ai cru ces explications utiles pour la thèse que je défendais.

J'ai exposé un système de crédit agricole ; mon opinion peut ne point être partagée, je l'ai exprimée avec franchise cherchant à éclaircir ce côté de la question agricole, malheureusement encore bien obscur.

APPENDICE

LOI DE 1884.

Le Sénat et la Chambre des députés ont adopté ;

Le Président de la République promulgue la loi dont la teneur suit :

Art. 1er. — Sont abrogés la loi des 14-27 juin 1791, et l'article 416 du Code pénal.

Les articles 291, 292, 293, 294 du 16, et la loi du 10 avril 1834 ne sont pas applicables aux syndicats professionnels.

Art. 2. — Les syndicats ou associations professionnelles, même de plus de vingt personnes exerçant la même profession, des métiers similaires ou des professions connexes concourant à l'établissement de produits déterminés pourront se constituer librement sans l'autorisation du gouvernement.

Art. 3. — Les syndicats professionnels ont exclusivement pour objet l'étude et la défense des intérêts économiques industriels, commerciaux et agricoles.

Art. 4. — Les fondateurs de tout syndicat professionnel devront déposer les statuts et les noms de ceux qui, à un titre quelconque, seront chargés de l'administration ou de la direction.

Ce dépôt aura lieu à la mairie de la localité où le syndicat est établi et à Paris à la Préfecture de la Seine.

Ce dépôt sera renouvelé à chaque changement de la direction ou des statuts.

Communication des statuts devra être donnée par le Maire ou par le Préfet de la Seine au Procureur de la République.

Les membres de tout syndicat professionnel, chargés de l'administration ou de la direction de ce syndicat devront être Français et jouir de leurs droits civils.

Art. 5. — Les syndicats professionnels régulièrement constitués, d'après les prescriptions de la présente loi, pourront librement se concerter pour l'étude et la défense de leurs intérêts économiques, industriels, commerciaux et agricoles.

Les unions devront faire connaître, conformément au deuxième paragraphe de l'article 4, les noms des syndicats qui les composent; elles ne pourront posséder aucun immeuble ni ester en justice.

Art. 6. — Les syndicats professionnels de patrons ou d'ouvriers auront le droit d'ester en justice. Ils pourront employer les sommes provenant de cotisations.

Toutefois, ils ne pourront acquérir d'autres immeubles que ceux qui seront nécessaires à leurs réunions, à leurs bibliothèques, et à des cours d'instruction professionnelle.

Ils pourront, sans autorisation, mais en se conformant à la loi, constituer entre leurs membres des caisses spéciales de secours mutuels et de retraite.

Ils pourront librement créer et administrer des offices de renseignements pour les offres et demandes de travail.

Ils pourront être consultés sur tous les différends et toutes les questions se rattachant à leur spécialité.

Dans les affaires contentieuses, les avis du syndicat seront tenus à la disposition des parties qui pourront en prendre communication et copie.

Art. 7. — Tout membre d'un syndicat professionnel peut se retirer à tout instant de l'association, nonobstant toute clause contraire, mais sans préjudice du droit, pour le syndicat, de réclamer la cotisation de l'année courante.

Toute personne qui se retire d'un syndicat conserve le droit d'être membre des sociétés de secours mutuels et de pensions de retraite pour la vieillesse, à l'actif desquelles elle a contribué par des cotisations ou versements de fonds.

Art. 8. — Lorsque les biens auront été acquis contrairement aux dispositions de l'article 6, la nullité de l'acquisition ou de la libéralité pourra être demandée par le Procureur de la République ou par les intéressés.

Dans le cas d'acquisition, à titre onéreux, les immeubles seront vendus, et le prix en sera déposé à la caisse de l'association.

Dans le cas de libéralité, les biens feront retour aux déposants, ou à leurs héritiers ou ayants cause.

Art. 9. — Les infractions aux dispositions des articles 2, 3, 4, 5, 6 de la présente loi seront poursuivies contre les directeurs ou administrateurs des syndicats et punis d'une amende de 16 à 200 francs. Les tribunaux pourront, en outre, à la diligence du Procureur de la République, prononcer la dissolution du syndicat et la nullité des acquisitions d'immeubles faites en violation des dispositions de l'article 6.

Au cas de fausse déclaration relative aux statuts et aux noms et qualités des administrateurs ou directeurs, l'amende pourra être portée à 500 francs.

Art. 10. — La présente loi est applicable à l'Algérie. Elle est également applicable aux colonies de la Martinique, de la Guadeloupe et de la Réunion; toutefois, les travailleurs étrangers et engagés sous le nom d'immigrants ne pourront faire partie des syndicats.

La présente loi, délibérée et adoptée par le Sénat et par la Chambre des Députés, sera exécutée comme loi de l'État.

Fait à Paris, le 21 mars 1884.

Jules GRÉVY.

Par le Président de la République :

Le Ministre de l'Intérieur,

Waldeck-Rousseau.

CIRCULAIRE MINISTÉRIELLE

DU 25 AOUT 1884.

Monsieur le Préfet,

La loi du 21 mars 1884, en faisant disparaître toutes les entraves au libre exercice du droit d'association pour les syndicats professionnels, a supprimé, dans une même pensées libérale, toutes les autorisations préalables, toutes les prohibitions arbitraires, toutes les formalités inutiles. Elle n'exige de la part de ces associations qu'une seule condition pour leur établissement régulier, pour leur fondation légale : la publicité. Faire connaître leurs statuts, la liste de leurs sociétaires, justifier en un mot de leur qualité de *syndicats* professionnels, telle est, au point de vue des formes qu'elles doivent observer, la seule obligation qui incombe à ces associations.

Si le rôle de l'État se bornait exclusivement à veiller à la stricte observation des lois, votre intervention n'aurait sans doute que de rares occasions de se produire.

Mais vous avez un devoir plus grave. Il vous appartient de favoriser l'essor de l'esprit d'association, de le stimuler, de faciliter l'usage d'une loi de liberté, d'en rendre la pratique aisée, d'aplanir sur sa route les difficultés qui ne sauraient manquer de naître de l'inexpérience et du défaut d'habitude de cette liberté. Ainsi, à considérer les besoins auxquels répond la loi du 21 mars, son esprit, les grandes espérances que les pouvoirs publics et les travailleurs ont mis en elle, votre mission, Monsieur le Préfet, s'élargit et son importance se mesurera au degré de confiance que vous saurez inspirer aux intéressés; à la somme de services que cette confiance vous permettra de leur rendre. C'est pourquoi, Monsieur le Préfet, il m'a semblé nécessaire de vous faire connaître les vues du Gouvernement sur l'application de la loi du 21 mars.

La pensée dominante du Gouvernement et des Chambres dans l'élaboration de cette loi a été de développer parmi les travailleurs l'esprit d'association.

Le législateur a fait plus encore. Pénétré de l'idée que l'association des individus suivant leurs affinités professionnelles est moins une arme de combat qu'un instrument de progrès matériel, moral et intellectuel, il a donné aux syndicats la personnalité civile pour leur permettre de porter au plus haut degré de puissance leur bienfaisante activité. Grâce à la liberté complète d'une part, à la personnalité civile de l'autre, les syndicats, sûrs de l'avenir, pourront réunir les ressources nécessaires pour créer et multiplier les utiles institutions qui ont produit chez d'autres peuples de précieux résultats : caisses de retraites, de secours, de crédit mutuel, cours, bibliothèques, sociétés coopératives, bureaux de renseignements, de statistique, des salaires, etc. Certaines nations moins favorisées que la France par la nature et qui lui font une concurrence sérieuse doivent, pour une large part, à la vitalité de ces établissements leur prospérité commerciale, industrielle et agricole. Sous peine de déchoir, la France doit se hâter de suivre cet exemple. Aussi le vœu du Gouvernement et des Chambres est de voir se propager, dans la plus large mesure possible, les associations professionnelles et les œuvres qu'elles sont appelées à engendrer.

La loi du 21 mars ouvre la plus vaste carrière à l'activité des syndicats en permettant à ceux qui sont régulièrement constitués de se concerter pour l'étude et la défense de leurs intérêts économiques, industriels, commerciaux et agricoles. Désormais, la fécondité des associations professionnelles n'a plus de limites légales. Le Gouvernement et les Chambres ne se sont pas laissés effrayer par le péril hypothétique d'une fédération antisociale de tous les travailleurs. Pleins de confiance dans la sagesse tant de fois attestée des travailleurs, les pouvoirs publics n'ont envisagé que les bienfaits certains d'une liberté nouvelle qui doit bientôt initier l'intelligence des plus humbles à la conception des plus grands problèmes économiques ou sociaux.

Bien que l'administration ne tienne de la loi du 21 mars aucun rôle obligatoire dans la poursuite de cette œuvre, il n'est pas admissible qu'elle y demeure indifférente, et je pense que c'est un devoir pour elle d'y participer en mettant à la disposition de tous les intéressés, sans distinction de personnes, sans arrière-pensée, ses services et son dévouement. Aussi, ce que j'attends de vous, Monsieur le Préfet, c'est un concours actif à l'organisation des associations et établissements professionnels. Mais il importe de vous indiquer dans quelles conditions et avec quels ménagements il doit s'exercer.

Quant à la création des syndicats, laissez l'initiative aux intéressés qui, mieux que vous, connaissent leurs besoins. Un empressement généreux, mais imprudent, ne manquerait pas d'exciter des méfiances. Abstenez-vous de toute démarche qui, mal interprétée, pourrait donner à croire que vous prenez parti pour les ouvriers contre les patrons ou pour les patrons contre les ouvriers. Il faut, et il suffit que l'on sache, que les syndicats professionnels ont toutes les sympathies de l'administration et que les fondateurs sont sûrs de trouver auprès de vous les renseignements qu'ils auraient à demander. Il sera bon qu'un de vos bureaux soit spécialement chargé de répondre à toutes les demandes d'éclaircissements qui vous seraient adressées. Dans ses rapports avec les fondateurs, il s'inspirera de cette idée que son rôle est de faciliter ces utiles créations. En cette matière comme en toute autre, le rôle de l'administration républicaine consiste à aider non à compliquer.

Le syndicat une fois créé, il s'agira de lui faire produire tous ses résultats. Si, comme je n'en doute pas, vous avez pu montrer à ces associations ouvrières à quel point le Gouvernement s'intéresse à leur développement, vous pourrez encore leur rendre les plus grands services, quand il s'agira pour elles d'entrer dans la voie des applications. Vous serez fréquemment consulté sur les formalités à remplir pour l'établissement de ces œuvres et sur les différentes opérations que comporte leur fonctionnement. Il est indispensable que vous vous prépariez à ce rôle de conseiller et de collaborateur dévoué par l'étude approfondie de la législation qui les régit et des organismes similaires existant en France ou à l'étranger. Cette tâche sera facilitée par les documents que publiera la Revue générale d'administration et par le commentaire succinct de la loi du 21 mars que vous trouverez un peu plus loin.

Cette loi a remis complètement aux travailleurs le soin et les moyens de pourvoir à leurs intérêts. On n'y trouve aucune disposition de nature à justifier l'ingérence administrative dans leurs associations. Les formalités qu'elle exige sont très peu nombreuses et très faciles à remplir. Son laconisme qui est tout à l'avantage de la liberté, pourra causer au début quelques hésitations et quelques incertitudes. Il serait difficile de prévoir à l'avance toutes les difficultés qui pourront surgir. Elles devront toujours être tranchées dans le sens le plus favorable au développement de la liberté.

L'article 1er abroge la loi des 14-17 juin 1791 qui défendait aux membres du même métier ou de la même profession de former entre eux des associations professionnelles, et l'article 416 du Code pénal ainsi conçu : « Seront punis d'un emprisonnement de six jours à trois mois et d'une amende de seize à trois cents francs ou de l'une de ces deux peines seulement tous ouvriers, patrons et entrepreneurs d'ouvrage qui à l'aide d'amendes, de défenses, proscriptions, interdictions prononcées par suite d'un plan concerté, auront porté atteinte au libre exercice de l'industrie et du travail. »

De cette abrogation résultent les conséquences suivantes :

1° Le fait de se concerter, en vue de préparer une grève, n'est plus un délit ni pour les syndicats de patrons, d'ouvriers, d'entrepreneurs d'ouvrage, ni pour les ouvriers, patrons, entrepreneurs d'ouvrage non syndiqués.

2° Cessent d'être considérées comme des atteintes au libre exercice de l'industrie et du travail, les amendes, défenses, proscriptions, interdictions prononcées par suite d'un plan concerté.

Mais demeure punissable, aux termes des articles 414 et 415 du Code pénal, quiconque, à l'aide de violences, voies de fait, menaces ou manœuvres frauduleuses, aura amené ou maintenu, tenté d'amener ou de maintenir une cessation concertée de travail dans le but de forcer la hausse ou la baisse des salaires ou de porter atteinte au libre exercice de l'industrie et du travail.

Le paragraphe 2 de l'article 1er déclare non applicable aux syndicats professionnels les articles 291, 292, 293, 294 du Code pénal et la loi du 10 avril 1834 qui considèrent comme illicite toute association de vingt personnes sans l'agrément préalable du Gouvernement et frappent de peines exceptionnelles les auteurs de provocations à des crimes ou à des délits faites au sein de ses assemblées, ainsi que les chefs, directeurs et administrateurs de l'association.

Cet article 1er consacre la liberté complète d'association, mais seulement au profit des associations professionnelles.

Les articles 2 et 3 définissent les associations

appelées à jouir du bénéfice de la présente loi. Ce sont les associations professionnelles dont les membres exercent la même profession ou des professions similaires concourant à l'établissement de travaux déterminés, et qui ont exclusivement pour but, aux termes de l'article 3, l'étude et la défense de leurs intérêts économiques, industriels, commerciaux ou agricoles.

Les groupements réalisant ces conditions ont le droit, quel que soit le nombre de leurs membres, de se former sans autorisation du Gouvernement.

Du silence de la loi ou des discussions qui ont eu lieu dans les Chambres, il faut conclure :

1° Qu'un syndicat peut recruter ses membres dans toutes les parties de la France ;

2° Que les étrangers, les femmes, en un mot tous ceux qui sont aptes, dans les termes de notre droit, à former des conventions régulières, peuvent faire partie d'un syndicat ;

3° Que ces mots « professions similaires concourant à l'établissement d'un produit déterminé » doivent être entendus dans un sens large. Ainsi, sont admis à se syndiquer entre eux tous les ouvriers concourant à la fabrication d'une machine, à la construction d'un bâtiment, d'un navire, etc... ;

4° Que la loi est faite pour tous les individus exerçant un métier ou une profession, par exemple, les employés de commerce, les cultivateurs, fermiers, ouvriers agricoles, etc.

En accordant la liberté la plus large aux syndicats professionnels, la loi, pour toute garantie, leur demande une déclaration de naissance par l'article 4, qui prescrit le dépôt des statuts et des noms de ceux qui, à un titre quelconque, seront chargés de l'administration ou de la direction.

La publicité est, en effet, le corollaire naturel et indispensable de la liberté d'association ; c'est la seule garantie possible de l'observation de cette condition exigée par la loi, le caractère professionnel de l'association.

Cette simple formalité ne saurait inspirer aucune inquiétude aux syndicats ni les exposer à aucune vexation. Au contraire, elle présente cet avantage précieux de limiter le champ étroit où peut s'exercer la surveillance de l'Etat. D'ailleurs la publicité répugne si peu aux syndicats que, sous le régime de la tolérance, nombre d'entre eux ont spontanément demandé aux Préfets de recevoir leurs statuts et de les conserver dans les archives des préfectures.

Le même article porte que le dépôt doit être renouvelé à chaque changement de la direction ou des statuts.

La loi ne pouvait être moins formaliste. Elle n'exige ni la rédaction sur papier timbré, ni l'impression. La loi ne fixant pas le nombre des exemplaires qui devront être déposés, il convient de se référer aux précédents et de considérer que le dépôt de deux exemplaires sera suffisant.

Comme j'attache une grande importance à constituer de sérieuses archives des syndicats professionnels qui permettront de se rendre compte des effets produits par la loi du 21 mars, vous voudrez bien prendre les mesures nécessaires pour me transmettre copie de ces documents. Vous me renseignerez également sur les institutions fondées par les syndicats.

Toutes ces indications réunies au ministère et tenues à la disposition de tous les intéressés seront une source précieuse de renseignements pour ceux qui voudront les consulter.

L'authenticité des statuts doit être établie par des signatures. La loi est muette sur ce point. Bornez-vous à demander qu'ils soient certifiés par le président et le secrétaire et donnez à MM. les maires des instructions en ce sens.

J'ai été consulté sur le point de savoir si le dépôt des statuts ou des noms des directeurs et administrateurs doit être accompagné d'une déclaration spéciale. Cette déclaration est inutile. Il suffit que le règlement statutaire soit certifié au bas du texte et que les noms des directeurs et administrateurs, s'ils ne sont pas mentionnés dans les statuts, soient, dans une seule et même pièce, indiqués et certifiés par le président et le secrétaire.

Tout dépôt d'un des documents précités doit

être constaté par un récépissé du maire et, à Paris, du Préfet de la Seine. Ce récépissé est exigible immédiatement. Il suffit de l'établir sur papier libre.

Il sera indispensable que dans chaque mairie il soit tenu un registre spécial où seront mentionnés à leur date le dépôt des statuts de chaque syndicat, le nom des administrateurs ou directeurs, la délivrance du récépissé. Ce registre fera foi de l'accomplissement des formalités ; il permettra de remédier à la perte possible du récépissé de dépôt.

L'obligation pour les syndicats en formation d'opérer le dépôt n'existe qu'à partir du jour où ses statuts ont été arrêtés, où, par conséquent, le syndicat est matériellement formé. Jusque-là, les fondateurs ont toute liberté de se réunir pour en concerter les dispositions sans être exposés aux pénalités des articles 291 et suivants du Code pénal ou à celles de l'article 9 de la présente loi.

Le dernier paragraphe de l'article 4 écarte des fonctions de directeurs et administrateurs des syndicats les étrangers, même ceux qui ont été admis à établir leur domicile en France et les Français qui ne jouissent pas de leurs droits civils, c'est-à-dire auxquels une condamnation a enlevé l'exercice de quelques-uns de ces droits.

L'article 5 reconnaît la liberté des *Unions* de syndicats professionnels régulièrement constitués, aux termes de la présente loi. Elles n'ont besoin, pour se former, d'aucune autorisation préalable. Il suffit qu'elles remplissent les formalités prescrites, par les articles 4 et 5 combinés, c'est-à-dire qu'elles déposent à la mairie du lieu où leur siège est établi et, s'il est établi à Paris, à la Préfecture de la Seine, le nom des syndicats qui les composent. Si l'union est régie par des statuts, elle doit également les déposer. Il est également nécessaire que l'Union fasse connaître le lieu où siègent les syndicats unis.

Les autres formalités à remplir sont les mêmes pour les unions et pour les syndicats.

La loi du 21 mars n'accorde, à aucun degré, aux Unions de syndicats la faveur de la personnalité civile. Il a été reconnu qu'elles pouvaient s'en passer. Elle a réservé ce privilège aux syndicats professionnels par l'article 6.

Grâce à lui le syndicat devient une personne juridique, d'une durée indéfinie, distincte de la personne de ses membres, capable d'acquérir et de posséder des biens propres, de prêter, d'emprunter, d'ester en justice, etc. Ainsi, ces associations professionnelles, d'abord proscrites, puis tolérées, sont élevées par la loi du 21 mars au rang des établissements d'utilité publique, et, par une faveur inusitée jusqu'à ce jour, elles obtiennent cet avantage non en vertu de concessions individuelles, mais en vertu de la loi et par le seul fait de leur création. Les pouvoirs publics en aucun temps, en aucun pays, n'ont donné une plus grande preuve de confiance et de sympathie aux travailleurs.

La personnalité civile n'appartient qu'aux syndicats régulièrement constitués. Elle est pour eux de droit commun et leur est acquise en l'absence de toute déclaration spéciale de volonté dans les statuts.

La personnalité civile accordée aux syndicats n'est pas complète, mais suffisante pour leur donner toute la force d'action et d'expansion dont ils ont besoin. C'est aux tribunaux qu'il appartiendrait de statuer sur les difficultés que pourra soulever l'usage de cette faculté. Je me borne à mettre en relief les dispositions de la loi à cet égard et à déduire leurs conséquences certaines.

Le patrimoine des syndicats se compose du produit des cotisations et des amendes, de meubles et valeurs mobilières et d'immeubles. A l'égard des immeubles la loi leur permet d'acquérir seulement ceux qui sont nécessaires à leurs réunions, à leurs bibliothèques et à des cours d'instruction professionnelle. Ces immeubles ne doivent pas être détournés de leur destination. Les syndicats contreviendraient à la loi s'ils essayaient d'en tirer un profit pécuniaire direct ou indirect par la location ou autrement.

Aucune disposition ne leur défend ni de prendre des immeubles à bail, quel qu'en soit le nombre et quelle que soit la durée des baux, ni de prêter, ni d'emprunter, ni de vendre, échanger ou hypothéquer leurs immeubles. Ils font un libre emploi des sommes provenant des cotisations: placements, secours individuels en cas de maladie, de chômage; achat de livres, d'instruments; fondations de cours d'enseignement professionnel, etc. Ces divers actes ne sont soumis à aucune autorisation administrative. Ils seront décidés et réalisés conformément aux règles établies par les statuts. Il en sera de même des procès ou des transactions.

Il importe que les syndicats prévoient, dans leurs règlements, comment ces actes seront délibérés et votés, et par quels mandataires ils seront représentés soit dans la réalisation des actes, soit en justice.

Les syndicats peuvent, sans autorisation, mais en se conformant aux autres dispositions de la loi, constituer entre leurs membres des caisses spéciales de secours mutuels et de retraites.

Il a été expressément entendu que la loi du 21 mars dernier laissait subsister (sauf la nécessité de l'autorisation préalable) toute la législation relative à ces sociétés. Si donc rien ne s'oppose à ce que les membres d'un syndicat professionnel forment entre eux des sociétés de secours mutuels avec ou sans caisse de secours mutuels, il demeure évident que ceux qui voudraient bénéficier des avantages réservés aux sociétés de secours mutuels *approuvées* ou *reconnues*, devraient se pourvoir conformément aux lois spéciales sur la matière, dont le mécanisme vous est connu et n'a pas à être rappelé ici.

J'appelle tout particulièrement votre attention sur le point suivant : il résulte tant du texte de la loi (art. 5, § 3, art. 7, § 2) que des discussions, que les sociétés syndicales de secours mutuels doivent posséder une individualité propre et avoir une administration et une caisse particulières. Il en est de même des sociétés de retraites, qui peuvent bien se greffer sur les sociétés de secours mutuels et faire caisse commune avec elles, mais dont le patrimoine ne doit pas se confondre avec celui des syndicats. D'ailleurs une telle confusion serait fatale à la prospérité de ces œuvres et des syndicats eux-mêmes, et je ne doute pas que les intéressés ne sentent la nécessité de garantir, d'une manière complète, l'affectation exclusive de leurs ressources à l'objet particulier de leur établissement. Mais le syndicat demeure libre de prélever sur son propre fonds des secours individuels et purement gracieux. La pratique de ces libéralités accidentelles ne constitue pas un syndicat à l'état de société de secours mutuels, tant que le droit de chacun aux secours n'est pas proclamé ni réglé.

Les trois derniers paragraphes de l'article 6 ne présentent aucune difficulté.

L'article 7 assure la liberté des syndiqués. Il porte que tout membre d'un syndicat professionnel peut se retirer à tout instant de l'association, mais sans préjudice du droit pour le syndicat de réclamer la cotisation de l'année. C'est là tout ce que le syndicat peut obtenir en justice contre le membre qui en sort de son plein gré. En cas d'exclusion, les cotisations arriérées sont seules exigibles.

Aux termes du paragraphe 2 du même article, toute personne qui se retire d'un syndicat conserve le droit d'être membre des sociétés de secours mutuels et de pensions de retraite pour la vieillesse à l'actif desquelles elle a contribué par des cotisations ou versements de fonds. Elle ne saurait être exclue de ces sociétés que pour une des causes prévues par leur règlement spécial.

Cette disposition est, on le voit, inconciliable avec l'existence d'une caisse commune aux syndicats et aux sociétés créées dans leur sein.

L'article 8 sanctionne les dispositions qui limitent la capacité d'acquérir et de posséder des syndicats professionnels.

L'article 9 punit de peines relativement légères les infractions aux articles 2, 3, 4, 5 et 6 de la présente loi. Quant aux associations qui, sous le couvert de syndicats, ne seraient point en réalité des sociétés professionnelles, c'est la législation générale et non la loi du 21 mars qui leur serait applicable.

L'article 10 n'a pas besoin de commentaire.

Telles sont, Monsieur le Préfet, les principales

indications qu'il m'a semblé utile de vous fournir et qui vous serviront de guide, chaque fois que votre intervention sera sollicitée ou qu'elle devra se produire.

Recevez, Monsieur le Préfet, l'assurance de ma considération très distinguée.

Le Ministre de l'Intérieur,
WALDECK-ROUSSEAU.

LOIS ET DÉCRETS.

Il nous a paru intéressant de mettre sous les yeux des lecteurs les principales lois antérieures au Code pénal et les articles de ce code successivement modifiés qui marquent les étapes parcourues depuis un siècle pour arriver à la loi de 1884 :

DÉCRET DU 14-17 JUIN 1791 : *interdiction absolue du droit d'association.*

LOI DU 28 SEPTEMBRE ET 6 OCTOBRE 1791 : *de la police rurale.* — Titre II, n° 19, régissant les agriculteurs :

Les propriétaires ou les fermiers d'un même

canton ne pourront se coaliser pour faire baisser ou fixer à vil prix la journée des ouvriers ou les gages des domestiques sous peine d'une amende du quart de la contribution mobilière des délinquants et même de la détention de police municipale, s'il y a lieu.

N° 20. — Les moissonneurs, les domestiques et ouvriers de la campagne ne pourront se liguer entre eux pour faire hausser et déterminer le prix des gages ou des salaires sous peine d'une amende qui ne pourra excéder la valeur de douze journées de travail et, en outre, de la détention municipale.

LOI DU 22 GERMINAL AN XI, articles 6, 7, 8, punissant de l'amende et un mois de prison la coalition des patrons tendant à forcer injustement et abusivement l'abaissement des salaires et suivies d'une tentative ou commencement d'exécution.

Quant aux ouvriers, toute coalition pour cesser en même temps de travailler, interdire le travail dans les ateliers, empêcher de s'y rendre avant ou après certaines heures, et, en général, pour suspendre, empêcher, enchérir les travaux, était punie d'un emprisonnement qui pouvait aller jusqu'à trois mois.

Art. 291 C. P. — Nulle association de plus de vingt personnes, dont le but sera de se réunir tous les jours et à certains jours marqués pour s'occuper d'objets religieux, littéraires, politiques ou autres, ne pourra se former qu'avec l'agrément du Gouvernement et sous les conditions qu'il plaira à l'autorité publique d'imposer à la société.

LOI DU 28 AVRIL 1834 sur les associations :

1° Les dispositions de l'art. 291 du Code pénal sont applicables aux associations de plus de vingt personnes, alors même que ces associations seraient partagées en sections d'un nombre moindre et qu'elles ne se réuniraient pas tous les jours ou à des jours marqués. L'autorisation donnée par le gouvernement est toujours révocable ;

2° Quiconque fait partie d'une association non autorisée sera puni de deux mois à un an d'emprisonnement et de cinquante francs à mille francs d'amende. — En cas de récidive les peines pourront être portées au double. — Le condamné pourra, dans ce dernier cas, être placé sous la surveillance de la haute police pendant un temps qui n'excèdera pas le double du maximum de la peine ;

3° Seront considérés comme complices et punis comme tels ceux qui auront prêté sciemment leur maison ou appartement pour une ou plusieurs réunions d'une association non autorisée ;

4° ..... Les infractions à la présente loi et à l'art. 291 du Code pénal seront déférés aux tribunaux correctionnels ;

5° Les dispositions du Code pénal auxquelles il n'est pas dérogé par la présente loi continueront de recevoir leur exécution.

Art. 414, 415, 416 du Code pénal. — Toute coalition entre ceux qui font travailler des ouvriers, tendant à forcer injustement et abusivement l'abaissement des salaires, suivie d'une tentative ou commencement d'exécution, sera punie d'un emprisonnement de six jours à un mois, et d'une amende de deux cents à trois mille francs.

Art. 415. — Toute coalition entre ceux qui font travailler des ouvriers, pour faire cesser en même temps de travailler, interdire le travail dans un atelier, empêcher de s'y rendre et d'y rester, avant ou après de certaines heures et en général pour suspendre, empêcher, enchérir les travaux s'il y a eu tentative ou commencement d'exécution, sera punie d'un mois au moins et de trois mois au plus. — Les chefs ou moteurs seront punis d'un emprisonnement de deux à cinq ans.

Art. 416. — Seront aussi punis de la peine

portée par l'article précédent et d'après les mêmes distinctions, les ouvriers qui auront prononcé des amendes, des interdictions ou toutes prescriptions sous le nom de *damnations* et sous quelque qualification que ce puisse être, soit contre les directeurs d'ateliers et entrepreneurs d'ouvrages, soit les uns contre les autres. — Dans le cas du présent article et dans celui du précédent, les chefs ou moteurs du délit pourront, après l'expiration de leur peine, être mis sous la surveillance de la haute police pendant deux ans au moins et cinq ans au plus.

LOI DES 11 OCTOBRE, 19 ET 27 NOVEMBRE 1849.

Les articles 414, 415, 416 du Code pénal sont modifiés comme il suit :

Art. 414. — Sera puni d'un emprisonnement de six jours à trois mois et d'une amende de 16 à 3,000 francs :

1° Toute coalition entre ceux qui font travailler des ouvriers tendant à forcer l'abaissement des salaires, s'il y a eu tentative ou commencement d'exécution ;

2° Toute coalition de la part des ouvriers pour faire cesser en même temps de travailler, interdire le travail dans un atelier, empêcher de s'y rendre avant ou après certaines heures et en général pour suspendre, empêcher, enchérir les travaux, s'il y a eu tentative ou commencement d'exécution.

Dans les cas prévus par les deux paragraphes précédents, les chefs ou moteurs seront punis d'un emprisonnement de deux à cinq ans.

Art. 415. — Seront aussi punis des peines portés dans l'article précédent et d'après les mêmes distinctions, les directeurs d'ateliers ou entrepreneurs d'ouvrages et les ouvriers qui de concert auront prononcé des amendes autres que celles qui ont pour objet la discipline intérieure de l'atelier, des défenses, des interdictions ou toutes prescriptions sous le nom de damnations ou sous quelque dénomination que ce puisse être, soit de la part des directeurs d'ateliers ou entrepreneurs contre les ouvriers, soit de la part de ceux-ci contre les directeurs d'ateliers ou entrepreneurs, soit les uns contre les autres.

LOI DU 25 MAI 1864 modifiant les articles 414, 415, 416 et abrogeant la loi du 28 septembre et 6 octobre 1791 sur la police rurale.

Art. 414. — Sera puni d'un emprisonnement de six jours à trois ans et d'une amende de seize francs à trois mille francs ou de l'une de ces deux peines seulement, quiconque, à l'aide de violences, voies de faits, ou menaces, ou manœuvres frauduleuses, aura amené ou maintenu, tenté d'amener ou de maintenir une cessation concertée de travail, dans le but de forcer la hausse ou la baisse des salaires ou de porter atteinte au libre exercice de l'industrie ou du travail.

Art. 415. — Lorsque les faits punis par l'article précédent auront été commis par suite d'un plan concerté, les coupables pourront être mis, par l'arrêt ou le jugement, sous la surveillance de la haute police pendant deux ans au moins et cinq ans au plus.

Art. 416. — Seront punis d'un emprisonnement de six jours à trois mois et d'une amende de seize à trois cents francs ou de l'une de ces deux peines seulement, tous ouvriers, patrons et entrepreneurs d'ouvrages qui à l'aide d'amendes, défenses, proscriptions, interdictions prononcées par suite d'un plan concerté, auront porté atteinte au libre exercice de l'industrie ou du travail.

FIN.

TABLE

VERSAILLES, IMPRIMERIE CERF ET Cie, 59, RUE DUPLESSIS.

www.ingramcontent.com/pod-product-compliance
Ingram Content Group UK Ltd.
Pitfield, Milton Keynes, MK11 3LW, UK
UKHW020152220726
13923UKWH00001B/480

9 782016 115299